月刊 生徒指導 2018年5月増刊

教職経験をもつ
スクールソーシャルワーカーが伝えたい

学校でソーシャルワークをするということ

鈴木庸裕
野尻紀恵 編著

学事出版

はじめに

近年、全国の自治体（教育委員会）において、いじめ、貧困、不登校などへの対応や「チーム学校」といった教育課題がスクールソーシャルワーカーの登用（必要性）の間口をひろげています。そして、その人材の養成や採用、育成をめぐり、自治体ごとに基盤づくりがすすめられようとしています。今から10年近く前は、まだ採用や選考の基準も曖昧で、なり手が少ないということもあり、なりたいという思いや熱意をもった人がなれたという時代でした。今後は、大学や大学院、あるいは子ども家庭福祉の職場経験を通じてソーシャルワークの基礎・基本を習得し、各地の教育委員会による明確な採用や選考の基準をくぐってくる時代になっていきます。しかし、学校教育におけるソーシャルワークの業務や「教育と福祉のつながり」を具体的にも質的にも高めていく資質や能力という点で、その醸成も含めて後追いになっています。しかし、目の前の子どもたちの生きづらさやその深刻さは待ってはくれません。

でも、焦りは禁物です。教育職と福祉職との違いからではなく、重なりや日頃の取組の中でやっていることが、「ああ、これをソーシャルワークと呼んでいいんだな」「重なっているなあ」ということに気づき、身近な教育と福祉の橋渡しを共有していくことを大切にできないものでしょうか。

そこで、本書では、その資質や能力（スクールソーシャルワークの素地）について、学校の先生方やスクールソーシャルワーカーの現任者の方とも、一緒に考えていく提案をねらいとしました。

そこで、既にスクールソーシャルワーカーに従事している現任者の中で、長く教職（正規）に就いていた経験のある人が、転職して学校におけるソーシャルワークの世界と出会い、今の仕事を通じて何を感じ考え、工夫し行動してきたのか。そうした思いやエピソードを語ることにより、学校の先生方やスクールソーシャルワークの現任者を目指す人に、学校教育の中で仕事をすることへの筋道や知見、気づきを伝える、いわば、「教育から福祉への橋渡し」という著書を刊行したいと思いました。

今、スクールソーシャルワーカーとして学校教育に携わる中で、日々、教員生活時代のどういった経験や思いが役立っているのか。実際に学校や教育委員会で仕事をするという点で、教師経験が役立つというのは当然かもしれません。しかし、その一方で、教員時代に気づいていながらも実際にできなかったことをこの立場だからできるようになったという1つの反省から考えるなど、いわばかつての自分自身を「まな板の上」に乗せてスクールソーシャルワークを論じてもらう機会でもあります。

こうしたことは、その逆に社会福祉職や社会福祉の勉強をしてきた人々にとって、学校で働くことの実践的視点や活動ポイントとも重なるのではないか。これらのことは、本書を刊行する大きなきっかけとなりました。

教育・指導の文化や組織、慣習、価値観と社会福祉・ソーシャルワークのそれとは、簡単にはつながりません。媒介するものがあってはじめて成立するのではないでしょうか。教師とスクールソーシャルワーカーの経験が重なる人々が、いかなる葛藤やジレンマを抱き、苦労や工夫を行ってきたのか。こうした点を明確にすると、学校と福祉をみずから自発的に結びつける専門職としての力量や技術や思考、価値観が抽出できるのではないか。まだまだ1つの模索の段階ですが、読者のみなさんと一緒に考えていければと思います。

そこで本書は、3章構成です。第1章では、教育と福祉の架け橋の課題について、今日的な学校や教育課題の中で、教師の仕事とスクールソーシャルワーカーの仕事とをいかにつないでいけばよいのかについて論じています。第2章では、福祉系大学でのスクールソーシャルワーカー養成課程における取組から、教育と福祉の架け橋を論じています。そして、この第2章では、福祉系大学のスクールソーシャルワーカー養成課程を修了した比較的若手のスクールソーシャルワーカーの方々が登場します。大学を出てはじめて就いた仕事がスクールソーシャルワーカーである人も多く、若者の視点を踏まえた語りがあります。本書において、とても大切な語り手であり、これからのスクールソーシャルワークのあり方について、誰にどのように支えてもらうといいのかを示しています。「人に支えられる人が、人を支えることができる」。ソーシャルワークの1つの側面を描写すると思われるところです。

第3章は、まず、先に述べたように10年から30年以上の教員経験（教諭、管理職）があり、それぞれの思いや経歴（社会福祉職の経験や社会福祉士・精神保健福祉士の資格を取得した方も）の後にスクールソーシャルワーカーの職務に就いた方々です。

次に、教育と福祉の架け橋の伝達者として、日頃からスクールソーシャルワーカーを応援していただいている臨床心理士の立場や、地域で人々の生活福祉や福祉教育に携わる社会福祉協議会の専門職の立場、そして自治体でスクールソーシャルワーカー活用事業の推進に従事した指導主事（当時）の立場から、広くこれからの学校支援とスクールソーシャルワーカーなどの役割について論じていただきました。教育職に伝わる言葉で学校におけるソーシャルワークのすばらしさを伝えること。これは教育と福祉の架け橋とその質を高める上で有効と考えます。

いよいよ、教育現場において、多様な専門職が一緒に仕事をする時代が到来します。教育や福祉、心理などそれぞれに固有の専門職性があります。しかし、その前に、子どもたちの最善の利益において有益な学校生活をつくるという専門性は誰もが同じです。そうした素地を見つけながら、読み進めていただけると幸いです。

執筆者を代表して　鈴木庸裕

教職経験をもつスクールソーシャルワーカーが伝えたい

学校でソーシャルワークをするということ

目次

第3章　教職経験をもつスクールソーシャルワーカーからの発信　79

第1章

教育と福祉の橋渡し

1 今、学校に求められるもの

(1) 学校教育と社会福祉のつなぎ目にいる私たち

その役割や専門職性、業務を述べる前に、スクールソーシャルワーカーの心持ちをひと言でいうとどう表現できるのか。幾人かの方から聞いてみました。

・「年間、名刺が200枚以上はなくなりますね」
・「この市にはいくつの小中学校がありますか」と聞かれた時、即座に正しくその数が言える。
・ある依頼を受けた時、「このケース、誰と一緒に動こうかなあ」と考える。
・「何をする人か、よくわからないね」と言われてもにっこりしていられる。
・大人の思いよりも子どもの最善の利益を重んじ、その実現を具体的に導いていく。
・「この子はどうしてこんなことをしたのか」よりも、「何がそうさせたのか」に関心が向く。
・地域（自治体）の社会福祉などの社会的サービスやその実務を熟知している。
・行政の仕組みやどの部署の誰に相談すればいいかを知り、しっかりと意見もできる。
・適切な資源やサービス体制がなかったら、新たに創ろうとする。

列記するのはこれくらいにしますが、スクールソーシャルワーカーの役割の1つには、学校という組織の中からつながろうとする教師と地域（関係機関）からつながろうとする職員とのつなぎ目になることがあります。さらにはつながろうという気持ちや行動を支えることも大切にします。やや見方を変えて、地域の関係機関の職員の言葉ですが、「あるスクールソーシャルワーカーの方に、私は学校という組織の中からつなぐので、あなたには地域の専門機関の立場から学校につながってほしいと言われ、スクールソーシャルワーカーの仕事を理解することができた」という声があります。

ただ、この「つなぐ」という言葉は、学校と社会福祉サービスとをつなぐ際の決められた手続きを実施することだけではありません。つながりが見えないからこそ、つなぐことではじめて可視化できることも指しています。さらに、この「つなぐ」とは、子どものいのちと暮らしと安心・安全をつなぐ、子どもの今と将来を橋渡しするという意味も存在します。したがって、「つなぐ」という視点は、大人や関係者どうしのつながりを示すことだけにとどまらず、子どもたちの思いや願いを後につなぐことでもあります。スクールソーシャルワーカーと一緒にいると、先生方自身も学校教育と社会福祉とのこうしたつなぎ目にいることになります。

(2) 子ども理解の深まり

多くの自治体が表示しているスクールソーシャルワーカーの業務について、ながらく次の5つの点が挙げられてきました。

- 問題を抱える児童・生徒が置かれた環境への働きかけ
- 関係機関等とのネットワークの構築、連携・調整

・学校内におけるチーム支援体制構築の支援
・保護者、教職員等に対する支援や相談、情報提供
・教職員等への研修活動

しかし、これだけではピンとこなかったのではないでしょうか。
そこで、2017（平成29）年1月に、スクールソーシャルワーカーの業務指針が「児童生徒の教育相談の充実について（報告）」（以下、「報告」と略します）として、文部科学省の教育相談等に関する調査研究協力者会議より提示されました（文部科学省2017a）。以下はその抜粋です。

SSWは、児童生徒の最善の利益を保障するため、ソーシャルワークの価値・知識・技術を基盤とする福祉の専門性を有する者として、学校等においてソーシャルワークを行う専門職である。スクールソーシャルワークとは、不登校、いじめや暴力行為等問題行動、子供の貧困、児童虐待等の課題を抱える児童生徒の修学支援、健全育成、自己実現を図るため、ソーシャルワーク理論に基づき、児童生徒のニーズを把握し、支援を展開すると共に、保護者への支援、学校への働き掛け及び自治体の体制整備への働き掛けを行うことをいう。そのため、SSWの活動は、児童生徒という個人だけでなく、児童生徒の置かれた環境にも働き掛け児童生徒一人一人のQOL（生活の質）の向上とそれを可能とする学校・地域をつくるという特徴がある。
（SSWの表記は本文のまま）

この文章の中には、スクールソーシャルワークの目的や方法・技術、価値、人材やその資質などが

示されています。この業務を読むと、「教育相談の充実」というよりも、その上位概念である「生徒指導の充実」という視点からもっと大きくとらえる必要があります。なぜなら、生徒指導の意義、つまり、『生徒指導提要』（２０１０）がいう「すべての児童生徒のそれぞれの人格のよりよい発達を目指すとともに、学校生活がすべての児童生徒にとって有意義で興味深く、充実したものになること」を目指す上で、スクールソーシャルワークは生徒指導と結びついてはじめて、学校教育活動全体を通じて子どもたちの最善の利益を保障できるからです。教育相談の充実というだけでは、問題の対処療法にとどまるようなニュアンスがあるからです。

この業務内容は、教師である私たちにも、新たな「子ども理解」を提案しています。まず、子どもとは0歳から18歳（あるいは20歳）までという児童福祉法一般の年齢区分が示すように、「子ども」（児童）の時期区分を基本に置きます。学級担任としては、小学校の6年間といった校種ごとの年齢区分がイメージされがちです。今、中学生であっても、0歳からの成育歴や生活経験、すなわち、「就学前のことも視野に入れる」という子ども理解が欠かせなくなっています。過去があり現在があり、未来がある。現在という1点だけでは将来は見通しにくいものです。就学前や過去の情報に目を向けることは「色眼鏡で子どもを見てしまう」として、教師の中には禁忌事項と考える人も少なくありません。半面、「以前こうだったから今もこうだ」と考えたり、一事が万事という見方は、子どもの成長可能性を信頼せず、立ち直りの機会を奪う言葉になります。

先の「報告」の一文にある「不登校、いじめや暴力行為等問題行動、子供の貧困、児童虐待等の課題を抱える児童生徒の修学支援、健全育成、自己実現を図るため」にスクールソーシャルワークがあるという点は、こうした個別的な教育課題を、子どもの成長や発達の課題としてライフステージや校種を超えて俯瞰して対応するという、新たな「子ども理解」のとらえ方を求めています。こうした視点は、学校にとっても、子どもや家族の進学や進級というつなぎ目の「切れ目のない」橋渡しへの丁寧な対応に結びつく資質能力の形成になります。

(3) 学校と教育委員会とのつながりを深める

さらに「報告」にある次の一文、「ソーシャルワーク理論に基づき、児童生徒のニーズを把握し、支援を展開すると共に、保護者への支援、学校への働き掛け及び自治体の体制整備への働き掛けを行うこと」を見てみます。これは、スクールソーシャルワーカーの役割の中で次のように示されています（文部科学省２０１７ｂ）。

（ア）「地方自治体アセスメントと教育委員会への働き掛け」として、自治体の「不登校児童生徒数」や「いじめの認知件数」などを把握し教育委員会のニーズを把握して、具体的な活動の目標や内容の決定に助言すること。

（イ）「学校アセスメントと学校への働き掛け」として、「問題を抱える生徒の状況、就職・進学率等の状況や学校における児童生徒への支援体制等」の動勢を把握し、授業参観や定期的な委員会やケース会議などに出席して組織的な取り組みのためのアセスメントをおこなう。

（ウ）「児童生徒及び保護者からの相談対応（ケースアセスメントと事案への働き掛け）」として、子どもや保護者への個別相談や個別援助にあたり、組織的な支援策の検討を繰り返しながら、

「校内の複数の関係教職員が事案の情報を共有し、判断する仕組みを作ること」をおこなう。

（エ）「地域アセスメントと関係機関・地域への働き掛け」は、地域のネットワークをつくりだしながら、ひとり親世帯の状況や就学援助受給率などの把握による地域アセスメントを通じて、子ども支援に役立てていくこと。

この学校や地域のアセスメントとは、調査や評価判定ではなく、ましてやあら探しではありません。スクールソーシャルワーカーが情報を収集したり状況を把握するには、情報提供者との信頼関係や、場合によっては情報収集のための権限をもつことが必要になります。しかし、学校の外部から方針や計画が判断されることはとても嫌われます。

ただ、スクールソーシャルワーカーが教育委員会での政策立案の会議の場に接していることは大変な重責です。この（ア）から（エ）まで、スクールソーシャルワーカーにとっては、例えば校内でのケース会議や生徒指導委員会の席で単に意見を言う姿だけでなく、周囲の先生方が納得するようなしっかりとした根拠を示して計画や方針、進行管理に寄与することが求められます。

スクールソーシャルワーカーが学校や教育委員会から要請を受ける時、多分に「こんな問題があって」というように「情報としての伝聞」からはじまりがちです。そうではなくて、本人からの傾聴や行動の目視や観察ができるところからスタートしていると、もっとソーシャルワークの効果が上がります。

ところでアセスメントという言葉に、日頃の教育実践との距離を感じる先生も少なくありません。そのような場合、研究授業の参観後に開催される検討会でなされる協議や議論の経験を重ねて考えていただいてはどうでしょうか。授業中の教師の発問と子どもの発言との関係や教材観、指導観、子どもも観をめぐって議論される中にも、同様にアセスメントの思考があると思います。ある子どもへの巡回相談の際、教室ですぐさま子どもの様子や態度を参観するのではなく、教室に入る前に廊下や教室の後ろに貼られているその子どもの図画の絵や色調、作文の内容、習字の筆使いなどにひと通り目を通してから授業参観することがあります。机の周りや後ろのロッカーの片づけ具合なども参考にします。これも事実に即したアセスメントの1つです。

ただ、多くのスクールソーシャルワーカーがまだ非常勤職（嘱託職員）である全国的な現状で、学校アセスメントや地域アセスメントを通じて、校長先生や指導主事と同じ「立場」でものが言えるかどうかという厳しさがあります。

(4) スクールソーシャルワークのスタンダードづくりを目指す前に

スクールソーシャルワーカーの活用事業において、これまでは、自治体の教育委員会ごとに実践のガイドを作成したり、様々な専門団体やNPO、個人、有志によって個々に指針が示されてきました。しかし、ようやく文部科学省によって先の「報告」のように1つの指標が示されました。文部科学省や自治体が、子どもに育てようとするスキルや能力資質、教師に求められるものやスクールソーシャルワーカーに求められる役割について、ようやく責任をもつようになってきたといえます。

近年、何事にもマニュアルやスタンダードが出される風潮があります。マニュアルとは、ある職務について平均的な資質や能力を示すものです。したがって、個々人の実践にはおのずと幅が出てきます。スタンダードとは標準や基準として、実践行動や判断の拠り所となる視点や尺度を示すものです。辞書には「何かを比較するときに用いるもの」との意味もあります。ジャズのスタンダード・ナンバーに、「Take Five」や「Somebody Stole My Gal」などがあります。人々によく知られ親しまれている曲を示す時にもスタンダードと呼びます。誰からも認められたものを指します。その意味では、基準を提示した側と受け手との相互了解があってはじめてスタンダードが成立します。

今後、スクールソーシャルワークの関係者だけでなく教育関係者が一堂に会して議論し合う場が保障されなければなりません。そもそも共通基盤があいまいな専門性によるものは専門職とは呼べません。しかも、学校教育に携わる様々な人々に共通して伝わるスクールソーシャルワークのスタンダードが求められます。

2 教師が求めるスクールソーシャルワーカーとの協働

(1) 教師の見る福祉的視点とは

筆者の経験からですが、生徒指導や教育相談の担当者向けの研修会の冒頭に、先生方に「みなさん、福祉とのかかわりはおもちですか」と問うと、ほとんどの方の手は挙がりません。たまに数名、「うちの親がデイサービスで介護を受けていて」という身内の居宅介護の経験からの返事があるくらいです。福祉との「かかわり」やつながり、「福祉の世話になる」という認識は社会福祉の職域で仕事をしてきた人からすると違いがあります。そもそも「福祉とのかかわりは」という問いかけそのものも教師にとっては少ないと思われます。生活保護世帯が「正規教諭」と出会うことは皆無に近いと思います。

しかし、「みなさん健康保険証を持っていますか」と聞くと、めいめい財布から自動車免許証と同じサイズのカードを出されます。その際、保険者や被保険者という文字の意味を伝えます。さらに、母子健康手帳や自分の子育ての中から振り返ってもらうと随所に社会福祉が出てきます。「これまで一度も公園に行ったことないですか」「街中のブランコや砂場のある遊園地は児童福祉法によって定められたものです」と言うと、はじめて知ったという顔をされます（管理は都市整備課ですが）。また、学校でのボランティア学習や福祉教育の中で、障害者、高齢者、ＪＲＣ（日本赤十字奉仕団）という話に拡げると身近になってもらえます。

スクールソーシャルワーカーの職務を短く表現する場合に、①どのような専門性をもつ人なのか、②具体的にどんな手法で問題解決にあたる人なのかという2つの紹介のされ方があります。①は社会福祉などの分野の専門的な知識や技術を用いて、問題を抱える児童生徒等への支援を行う専門家。②は主にソーシャルワークの手法を用いて、問題行動の背景にある家庭の問題などの子どもを取り巻く「環境」に焦点を当てて、学校内におけるチーム体制を構築し、家庭訪問や関係機関等と連携して問題解決を図る役割を担うと説明されます。

教師の実践記録やスクールカウンセラーのケース記録に出てくるスクールソーシャルワーカーの名

前が増えてきました。そこでよく見えてくるのは、社会福祉サービスとの接続や教師の替わりに出向く家庭訪問、学校の意図を保護者に伝えたり、親のつらい気持ちを学校に説明する時の伝達役や翻訳者、医療や福祉機関との相談や面談への展開などです。どうも、スクールソーシャルワーカーへの要請には、「学校の外のこと」、「教室の外のこと」という認識が少なからずあるように思います。

(2) 子どもの生きる力を育てるチームとしての学校

しかし、最近は、スクールソーシャルワーカーの活用事業が、「チームとしての学校」論との結びつきから強く意識されはじめています。次ページの図は、「チームとしての学校の在り方と今後の改善方策について（答申）」（文部科学省２０１６）の概要図です。この「チームとしての学校」におけるスクールソーシャルワーカーの立場は、複雑化・多様化する教育課題を解決し、子どもにとって必要な資質や能力を育てるために、「組織として教育活動に取り組む」体制に役立つことです。特に、その組織に子どもの声や保護者の願いをとりこんでいくことや、心理や保健、医療、司法などの専門職（スタッフ）と連携・協働する体制づくりに寄与することです。

さらに、大切なことは、チームの一人ひとりが自分の力をしっかり発揮できるように立ち回ることです。「みんなで決めたことはみんなで守る」「合議の上での計画とその実行」といったルールについて、公平や中立という視点を提起し続けるという役割です。システムがあると無用なわだかまりは少なくなります。他者の参加を得て課題の解決や軽減にあたることが教師の多忙化の軽減にもなり、子どものために活かす時空間が増えます。

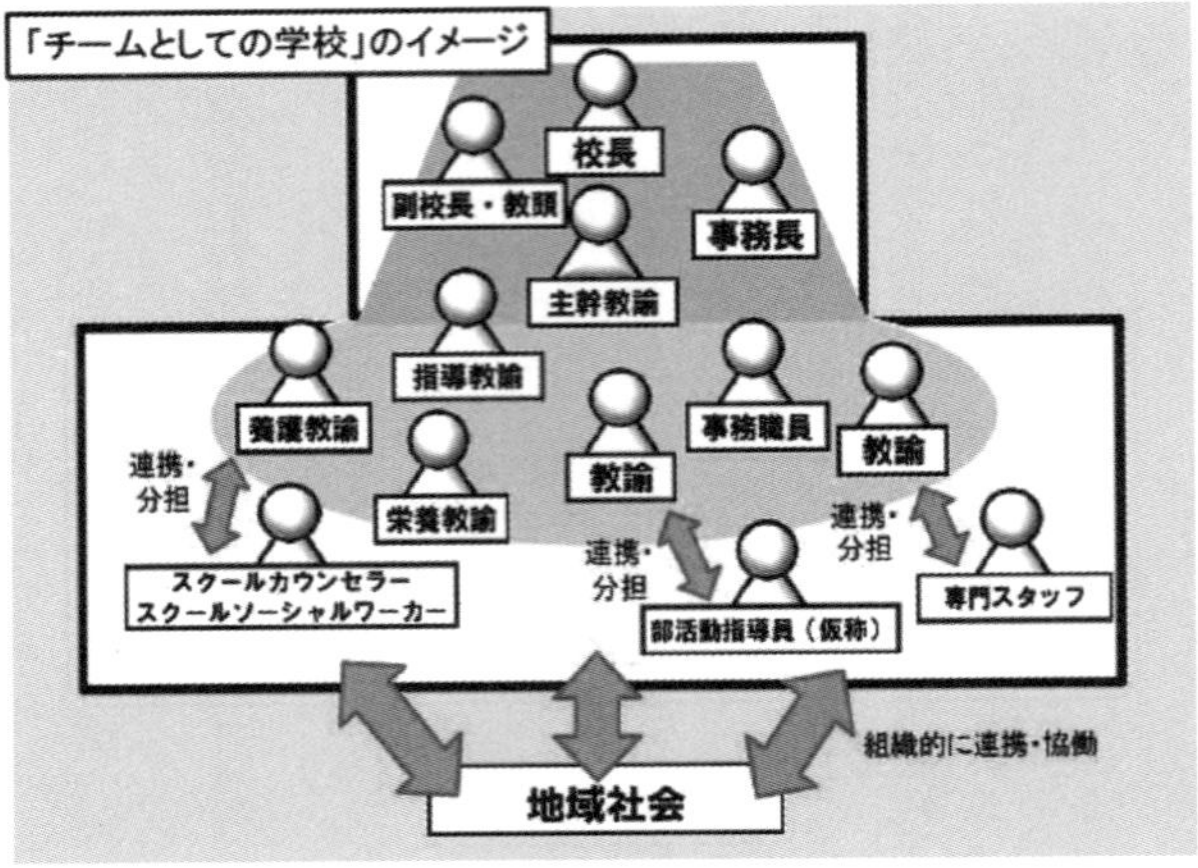

図　チームとしての学校の在り方と今後の改善方策について（答申）概要

さらに多職種による協働は、学校において、子どもが成長していく上で、教員に加えて、多様な価値観や経験をもった大人と接したり、議論したりすることは、より厚みのある経験を積むことができ、「生きる力」を定着させることにつながるといえます。

しかし、正しいことを指摘することは、組織の中ほど難しいものです。そこで活かされるのがスクールソーシャルワーカーの立場性です。教師の同僚性を損なわずに、委員会や学年などの人間関係を高めるスタッフとして、もっと先生方から声をかけてもらいたいと思います。

ところで、以前からもそうですが、スクールソーシャルワーカーに求められる「福祉的な支援」という発言や文書を見ると、関係機関との連携やサービスの提供が際立ってきます。

次に挙げる機関や組織は、たいていの自治体にある福祉や保健医療、少年司法、そして学校教育や社会教育などの機関（文部科学省２０１７c）です。

〈福祉関係機関〉

児童相談所、福祉事務所、自立相談支援機関、要保護児童対策地域協議会の所管部署、児童家庭支援センター、民生委員・児童委員、社会福祉協議会、放課後児童クラブ、児童館、保育所、児童福祉サービス等事業所（放課後等デイサービス等）、発達障害者支援センター、児童養護施設、児童自立支援施設、母子保健施設など。

〈保健医療関係機関〉

保健センター、保健所、精神保健福祉センター、病院など。

〈刑事司法関係機関〉

警察署（生活安全課等）、少年サポートセンター、少年補導センター、家庭裁判所、少年院、少年鑑別所、保護観察所、日本司法支援センター（法テラス）、スクールサポーター、保護司、少年警察ボランティアなど。

〈教育関係機関〉

教育支援センター（適応指導教室）、教育（研修）センター、教育相談室など。ＮＰＯ教育施設、転出入元・先の学校。そして、教育委員会内：家庭教育支援チーム（支援員）、土曜学校など学習支援担当者、地域学校協働本部の地域コーディネーター、学校ボランティア、近隣の小・中学校、高等学校、特別支援学校など。

これらは学区ごとにあるものから、都道府県に一箇所というものまで様々です。こうした機関が何を目的に何を根拠（根拠法など）に設置され、どうすればスムースに協力を得たり活用できるのかについて習熟していくことが先生方にも求められます。近年では、要保護児童対策地域協議会や放課後児童デイサービス、法テラスなどとのかかわりが大幅に増えてきているのではないでしょうか。これらはスクールカウンセラーについても同様です。「チームとしての学校」とは、「チームで」というよりも「組織的に」と言ったほうが適切かもしれません。チームとはその構成員が相互に学習し成長する組織であり、何ごとにおいても現実を理解し合う組織です。

『ソーシャルワークプロセスにおける思考過程』（日本精神保健福祉士協会監修・２０１７）によれば、ソーシャルワークとはチームワークです。チームという言葉には協力や共同、連携といった、いわばみながが集まって１つになるというイメージがあります。しかし、実は、チームとは「硬直した固まり」を分解する働きがあります。チームには、いろいろな情報や資料を集めてそれらをつきあわせて検討する役割があります。絡みついたものをほどいて、個々ばらばらにしたものを改めて整理し、並べ直し、誰が見てもわかりやすいものにすることがチームの大切な営みです。

担任やカウンセラーが会うことを拒否され、家庭と学校とのつながりが険しくなった状態になってはじめて、教育委員会にスクールソーシャルワーカーの派遣を要請する学校をよく見受けます。しかも、スクールソーシャルワーカーが来るとすぐさま「解決する」、「好転する」という印象をもたれている場合もあります。魔法使いではありません。

できれば、何とかしようという焦りや拘泥という気持ちが絡みついた状況になってからではなく、「外部の力を借ります」という判断を決定する場面にスクールソーシャルワーカーが一緒にいるという、こうしたタイミングで声をかけていただきたいと思います。「せっかく呼んだのに何も変わらない」という期待はずれ感は、実はこうした準備不足のあらわれかもしれません。大人もがっかりしますが、もっとも傷つくのは子どもたちです。

(3) もともと多様な職種で構成されている学校

関係機関や他職種という言葉は、「中心」と「その周辺」という構図を生みます。病院から学校を見ると、学校は関係機関であり、看護師さんから見ると教師は他職種の1つです。

学校は、教師という1つの職種で構成されているように思われがちですが、多様な専門人材がいます。校長や教頭、教諭、養護教諭、事務職員、寄宿舎を持つ学校の指導員は学校教育法でいう「必置」および「原則必置」の職員です。副校長や主幹教諭、指導教諭、栄養教諭、講師、学校用務員、学校栄養職員、そして高校の専門学科の実習助手や技術職員といった教諭を補助する職員は「任意設置」です。「任意設置」は、他に小学校の教科のうち理科の授業支援や教材開発にあたる理科支援員、特別支援教育支援員、外国人児童生徒支援員、スクールカウンセラー、スクールソーシャルワーカー、部活動指導員、学校司書、ＡＬＴ、ＩＣＴ支援員、スクールガード、スクールサポートなどが列記できます（自治体によって幾分表現は異なります）。

しかし学校では、スクールソーシャルワーカーやスクールカウンセラーも事務職の方や給食のスタッフ、ボランティアで来校する学生さんも「先生」と呼ぶ習慣があります。これは、子どもサイドから見ての配慮だと思います。

本来、多様な職種で学校が構成されているととらえると、これまでの校務分掌のとらえ直しができます。その一例として、いじめ防止対策の基本方針があります。校内の「いじめ対策委員会」はいじめ防止対策推進法から見ると校務分掌の扱いではないという点です。校務分掌（学校教育法第37条）は、「校長は、校務をつかさどり、所属職員を監督する」という校長の「校務掌理権」によるものですが、「いじめ対策委員会」は別次元の論理（立て付け）によるものです。この委員会は、学校で習慣化した校務分掌ではなく、子どもや保護者、教師のニーズから組織される委員会です。また、委員長には校長先生が就任し、不在であることは法律の求めに応じていないことになります。さらに、この委員会は、誰のためのものなのかが問われます。この委員会は、苦悩を抱えた（経験してきた）子ども自身のものです。いじめやいじめをめぐり発生したことがらにおいて、何があったのか。真実を知りたいという保護者の願いに応える具体的な組織です。

校内のいじめ対策委員会とは、

- 教師にとっても、子どもにとっても、困った時に助けてもらえる組織である。
- 失敗しても支えてもらえる組織である。
- 外部に拓かれた組織である。

これは一例ですが、校務分掌の委員会というあり方を見直すものになります。いじめ対策委員会も、こうした観点をもった組織であると、そしていじめの認知件数も子どもとの対話件数と見直すことができます。どの組織にもいえることですが、「風通しのよい」教職員の組織が基本です。

3 スクールソーシャルワーカーが求める学校での協働

(1)「お任せしたい」という気持ちをどうのりこえるか

教師の多忙化解消の問題が、個々の先生方の努力や工夫の域を超えていることは誰の目にも明らかです。放課後も部活だけでなく、子どもや親からの相談や学年や委員会での打ち合わせなど、職員室に戻ってこられず、戻ってきても空き時間がない。授業研究や研修による出張も多く、1日常駐している相談員やカウンセラーとすら時間がとれない。ましてや校外から来てもらうスクールソーシャルワーカーのために時間を空けて待っているということが日々厳しく、緊急の出来事で「ドタキャン」も日常的です（かもしれません）。

そうした時に、つい、「スクールソーシャルワーカーにお任せします」という声が出る時がありま す。学校に出向くとすぐさま「家庭訪問してほしい」という要請を受けて、少ない情報の中でドアの呼び鈴を押さなければならないスクールソーシャルワーカーも大変です。

お任せしたいという思いをもちつつも、先生方は、子どもや家庭にとって一番身近で、信頼関係をもち、子どものことをよく知っている存在です。子どもや親も頼りたい存在です。教師は保護者から子どもの教育を「付託」された存在とも言われます。しかし、こうした信頼や尊敬の関係が喪失ないし未形成になった場合、どうすればいいのでしょうか。

最もそばにいる担任や大人が保護者から否定されると、「あなたが世話になる人はだめな人です」と暗にその子ども自身も否定され、我が身の惨め感や見捨てられ感を抱いてしまいます。スクールソーシャルワーカーの仕事が、教師の肩代わりや交代ではない理由はここにあります。それ自体がスクールソーシャルワーカーの目的ではなく、その先にある課題を解決する1つのプロセスの場面ではありますが、教諭の業務に踏みいりません。子どもにとって最善の利益になることが何であるのかを共に見つけることが1つのゴールです。

(2) スクールカウンセラーとの「すみわけ論」はおわりにしましょう

今後、スクールカウンセラーによる心理的情緒的問題への対応とスクールソーシャルワーカーによる生活福祉的問題への対応という2つのアプローチは、これからの学校の教育指導を高めていく大切な「両輪」になります。複数の大人が協力して子どもに寄り添うことはとても大切です。ゆえに、各自の専門性や介入方法をめぐる相互理解が大切となります。「同じ学校で仕事をするものとしての専門性」と「各人の専門職性」とは区別されるべきものと思われます。

子どもの学習権保障や教育を受ける権利、幸福を追求する権利を軸にして相互に何が協力できるのか。ここにこそスクールカウンセラーとスクールソーシャルワーカーの協働をめぐる主眼があります。その際、あらかじめ相談窓口が分かれているのではなく、校内に「総合相談窓口」的な機関があり、「ワンストップサービス」のようなものがあって、様々な人の相談やSOSの発信を受け止める体制が必要になります。「契約文化」が発達する欧米とは異なり、日本ではややもすると「お客を取った」

とか「わたしの見立てや進め方が否定された」という心模様に発展しがちになります。

スクールソーシャルワーカーの導入がはじまった時期、スクールカウンセラーとの「すみわけ」をめぐる様相に多くの教師が憂慮しました。その心配事は子どもの取り合いになるのではないかという懸念でした。これまでにも警察の青少年関係の職員や家庭児童相談室の相談員、児童福祉や障害福祉、健康保健の職員とのわだかまりに挟まれてきた経験があるからです。

そこで、歴史的に見てあとからやってきたスクールソーシャルワーカーは、これまでの学校と地域の関係機関との関係をしっかりと見極めて、今、どこに何をすればいいのかを大切にしました。スクールカウンセラーの勤務日とソーシャルワーカーの勤務日を別にして、相談室での子どもへの対応者として確保したり、スクールカウンセラーの未配置ぎみだった小学校や高校、特別支援学校にスクールソーシャルワーカーを置くといった校種別にすみわけを行った自治体もありますが、ここでは「大人」の思惑が優先されたかもしれません。近年では、スクールカウンセラーとスクールソーシャルワーカーの勤務日（曜日）が、かりに月に数日であったとしても計画的に重ねる学校や教育委員会も増えてきています。

これは、心理職と福祉職の専門性を理解している学校として評価できると思います。両者の違いを理解した人材活用のマネジメントがなされている学校としてみることができます。

今後、「スクールロイヤー」と呼ばれる弁護士の参入の準備もはじまっています。また、すみわけ論が再燃しては困ります。１９９５年に導入された心理職（スクールカウンセラー）がつくりだしてきた教職員の仕事ぶりや子どものしあわせを、福祉職（スクールソーシャルワーカー）や司法関係者がいかに発展させるのか。こうした議論や実践分析が高まることも大切になると思います。特に、子どもの貧困の対策において、学校をプラットフォームとしてみるといわれます。これは子どもではなく専門職が1つのステージにいることという意味で理解したいと思います。

(3)「ソーシャルワークの視点からみて」という説明をどう理解すればいいか

ところで、ソーシャルワークも教育も共に、その目的と方法技術と価値という3つの観点をそれぞれにもちます。

社会福祉や自治体の法・制度、相談援助の方法技術や知識の説明は一定了解しやすいですが、「福祉的な視点からみて……、ソーシャルワークの視点からみて……と説明を受けても、何となくわかるが、その視点が教師の具体的な教育技術のどの部分にあたるのかがわからず類推を含めてストンと落ちにくい」と言われます。そこには、目で見える方法や技術ではなく「価値観」が含まれているからです。

その究極の一例に、「学校復帰が目的なのかどうか」という点が挙げられます。医療機関から「登校刺激をしないように」と指示を受けた時にどうすればいいのか。「エネルギーがまだたまっていないので登校を強くすすめない」と、学校を休むことをスクールカウンセラーから提案された時にどうすればいいのか。「怠けているだけだ」「甘やかしてはいけない」という決めつけはいただけませんが、学級担任であってもスクールソーシャルワーカーであっても、「子どもの声」に直に接していることが大切です。教室ではなく保健室や相談室にいることを善しとしない学校の風土はまだ根強いといってよいと思います。

価値観という点で、学校に通わせることを職責として、子どもに「学校に来るのは義務です」と言う先生がいらっしゃいますが、憲法や教育基本法にそくしてみるとそれは誤りです。その義務は親（親権者）と教師・学校（地方公共団体）が負うものであり、子どもが学校に通うことを保障する側の義務です。

もう1つ、体罰問題があります。体罰は、学校現場で、まだまだ課題をもったままです。「愛のムチ」「子どもの成長にとっては必要なこと」などは学校現場に限らず家庭の中や地域においても存在するため、社会的問題です。「体罰」を通じてしか、子どもと関係がもてない、会話ができない、向き合えない人たち（教師たち）にとって、本当はそこにはつらさもあり、子どもを犠牲にしながら自身の目的を達成している姿です。

そのつらさを共有し克服するために、ソーシャルワークの視点や共に考える行動が福音になり、体罰によらない教育実践を目指したいものです。

ややスクールソーシャルワーカーの役割が、親の養育能力を高めて登校のために子どもの背中を押す家庭に育てることがゴールになっていたり、保護者と決裂した学校の代理で、親と対話ができる人を求めるという様子がよく見受けられます。ここには1つの心配があります。それは、家庭の教育力を前提とする考え方を様々な専門職がみんなで承認してしまっている風潮です。不登校問題にしてもいじめ問題にしても、様々な法制度や施策では解決しません。子どもの最善の利益を対話でつくりあげる力に勝るものはありません。

4 スクールソーシャルワークの理解を深めるには

(1) 教育と福祉をつなぐものは何か

今、つなぐ方法を考える力だけではなく、つなぐものが何であるのかを探る力が求められます。学校教育や教育指導の文化や組織、慣習、価値観と社会福祉やソーシャルワークのそれとは、簡単にはつながりません。と言ってしまうと元も子もありませんが、両者を媒介するものがあってはじめて可能になると思います。本書の「はじめに」でも述べましたが、「媒介するもの」を明らかにしようと考えて、かつて教員として身につけてきたこととソーシャルワーカーとして従事していることとの間で、どのような葛藤やジレンマを抱き、苦労や工夫を行ってきたのか。何が活かせ、何を見直すのか。この葛藤やジレンマ、工夫などの中に媒介するものへの気づきや教育と福祉をつなぐ実践感覚の芽を見つけようと思います。これは本書のねらいですが、こうした点を明確にすることで、学校と福祉をみずから自発的に結びつける力量や技術、思考が抽出できると思います。

教育と福祉をつなぐという時にその媒介となるのは、「学校という生活とは何か」をめぐる考察です。これは教師にとってもスクールソーシャルワーカーにとっても、スクールカウンセラーなど誰にとっても同じ問いができます。保護者においても同様です。

教師の育ちの水脈には、子どもを性善説でとらえるところがあります。子どもが何か問題を起こしても、それは教師（私）の指導力が足りなかったからだというとらえ方です。これは、スクールソーシャルワーカーが支援のあり方を見直そうとする時も同じです。性善説とは子どものよさ（ストレングス）をとらえるということだと思います。教育と福祉をつなぐものが何かを探るという点で、教育と福祉が共にもつ性善説の発見が1つの「素地」になります。

「どちらも子どものことを中心において努力しようとしているのに、どうして仲が悪いの。どうしてうまくつながらないの」。これはある市民が見た、学校と児童相談所の関係への問い（投げかけ）です。なにがつながりの障壁になっているのか。その回答は比較的容易いのではないでしょうか。

(2) 世間を知ること

教育と福祉とのつながりを考える場合、教育を知ることをA、福祉を知ることをBとし、それをつなぐものを知ることをCとすると、このCを知る、あるいはその方法を持ち合わせておくことが「素地」にあたると思います。この素地の1つに「世間を知ること」があります。

世間とは、個人個人を結ぶ関係の環であり、規則といった明文化されたものはありませんが、個人個人を強固に結びつけるものです。しかし、個人が自分からすすんで世間をつくっているわけではありません。何となく、自分の位置がそこにあるものという意識で生きています（阿部謹也・1995）。自分の世界に誰が入っているかわからないものです。

本来、様々であるはずの基準が単一になりがちなものが社会ですが、学校という社会に浸かっていると世間知らずになります。世間体を気にするという言葉がありますが、世間の掟を守っている以上、排除されることはなく、寛容な世間の中では特定の能力の有無によって排除されることはありません。これがいったん社会となると、そこには基準が設けられその有無による評価が正当化されてしまいます。私たちは日頃、どういう世間に属しているのかを知ってから相手の性格や趣味によって関係をつくっていきがちです。ソーシャルワークでは中立性や公平性という「立ち位置」を大切にしますが、これは、人と社会との相互作用を把握する際に求められる「世間を知る」という素地にあたります。

専門職としてこうした素地を培うには、特定の専門性や職業の人だけが集まる場で専門を伝えるという専門性ではなく、立場や知識や認識、役割の異なる人が一緒に話し合える場をつくり、横の人と会話ができるような問いや発問、投げかけができるという力です。筆者の経験では、地域の教育長さんや教職員、民生委員さん、不登校の親の会の会長、保護者、作業所の職員や保健師さんなどが一緒に集う研修会の運営があります。ここに本当の「世間」を知る機会があると思います。

(3) 教職経験をもつスクールソーシャルワーカーが示すもの

本書の第3章では、教師や教育職といった経歴をもつ人が、社会福祉の職場に就いたり、社会福祉士や精神保健福祉士の資格を取得し、現在、スクールソーシャルワーカーに従事している方に執筆してもらっています。社会福祉サービスの実際や法規や技術や価値のイロハを学んだだけでは、学校におけるソーシャルワークは未成熟のままになります。そこで、教師経験のある方たちみずからが伝達者として学校教育から社会福祉に橋渡しできるものを提示するのが本書のねらいの1つです。

先生方に向けて、教育相談や生徒指導の経験者研修でソーシャルワークや社会福祉援助技術の学習をすすめることは大切です。しかし、ややもすると教師に「ソーシャルワーク的力量の形成」を促進して、自己解決する力を高めようとしてしまいます。何でも一人で解決できることを推奨し、さらなる「多忙化」を再燃させてしまいます。「人の力を借りる」力を身につけるという視野を欠いたままになってしまいます。

筆者の経験ですが、1990年代の中盤、大学の教員として教育学部の教職科目（生活指導や特別活動など）の担当を職責としていましたが、社会福祉士の受験資格を得るために、通信教育でレポートやスクーリング、居宅介護施設での実習を行いました。周囲の人は、私の肩書きを知るとみなが「どうして」と首をかしげました。当時、学校教育の分野で社会福祉士などの資格をもつ人は、特別支援学校（当時は養護学校）や養護教諭などにわずかにいたくらいかもしれません。教職の仕事上、家族支援や社会福祉サービスにかかわり、卒業後の進路や養育に寄り添う中で、社会福祉制度や相談援助技術を身につけたり、地域の社会福祉や医療福祉のスタッフと出会う中で、必要性を感じたためという話を聞くことがありました。ご自身の家族の養育や介護のために勉強したことの延長が社会福祉士の資格と結びついたという方にも会ったことがあります。

社会福祉士であることは、社会福祉行政や法制度、相談援助技術などをもち、知らないから支えられなかったということにはならないように、相手を知り行政窓口でものが言えるという、いわば対応力を身につけることができます。もっと言えば、社会福祉サービスそのものへの監視ができる（ジャッジできる）という効果も考えられます。現行の教育制度の中で、公的には難しい取組や学校という組織の中での困難さはあります。しかし、問題解決の具体的な課題を見つけ、学校でのチームアプローチに転換する手立てや気づきへの「引き出し」をたくさん身につけることができます。

5 スクールソーシャルワーカーに求められること

(1) そろそろ「黒衣（黒子）」論から脱していくことも

スクールソーシャルワーカーが「職」となりました。学校教育法施行規則が省令の一部改正にともない2017年4月より、スクールソーシャルワーカーが学校の職員となり、次のように示されました。

> 第四節　職員
> 第六十四条　講師は、常時勤務に服しないことができる。
> 第六十五条　学校用務員は、学校の環境の整備その他の用務に従事する。
> 第六十五条の二　スクールカウンセラーは、小学校における児童の心理に関する支援に従事する。
> 第六十五条の三　スクールソーシャルワーカーは、小学校における児童の福祉に関する支援に従事する。

職員化をめぐる地方財政や養成、任用・採用、育成などの充実よりやや先行して同法改正がなされました。今後、これまでやや曖昧であった業務やその遂行力について、その明確化に拍車がかかることと思います。教師自身、スクールソーシャルワーカーに対し、そろそろこれまでの黒衣論の見方から脱していく必要があります。

黒衣（くろご）は、黒子とも書きますが、これは、人形浄瑠璃や歌舞伎の役者の横や後ろで、観客からは見えないものという暗黙の了解を約束事にして舞台の上におり、人形遣いや役者を補佐するものです。

これまで心理職も福祉職も、外部性が自分の立ち位置や行動様式の1つの物差しになっていました。外部性とは、中立性や第三者性、ある権力や立場から離れていること、その状態である主体性を指します。このことが揺るがないことが専門性であるととらえている人もいます。しかし、この外部性（Externality）とは、ある行為者の意思決定が他の人の意思決定に影響を及ぼすことです。外からの目、とりこまれない姿勢といったとらえ方や相手へのかかわり方について非指示的であることや評価をしないこと、というとらえ方もあります。

これまで、スクールソーシャルワーカーみずからが、「スクールソーシャルワーカーの仕事は黒衣です」という表現を強調してきた時期もあります。先生方も、自分たちの後方にいる人という認識があったかもしれません。「外からたまに来て、コメントをして帰って行く人」と揶揄され、つらい思いをしたスクールソーシャルワーカーも少なくありません。しかし、教職員の一員となることは、厳しく言うと、例えば、不登校やいじめの事前・事後対応や役割をめぐり、教師と共に責任が直接問われるようになることと思います。

⑵ スクールソーシャルワーカー・スーパーバイザーの活用

教育委員会の指導主事の方にとって、スーパーバイザーという言葉に新規性があったと思います。学校教育の職務の世界ではあまり使われてこなかった言葉です。このスーパービジョンという役割には、一般に、現任者の人々への教育的、管理的、支持的な働きかけがあります。対人援助専門職にはオーソドックスに位置づいてきた人材育成の筋道です。新任教員の育成システムとは異なり、スクールソーシャルワーカー初任者の指導員配置や初任者研修、経験者研修、専門研修といった研修制度はまだ未整備ですが、その中で、このスーパーバイザーの役割が大切になります。

スーパーバイザーは、回答や正解を与えてくれる人ではありません。多様で偏りのない考え方の「構え」を提供してくれる人です。その配置・任用は、スーパーバイズを受ける人が依頼したり、自治体で雇用したり、有償や無償、契約や任意など様々です。人数も都道府県で一人であったり複数であったり、同職種（同じ資格をもつ）や異職種（心理職や司法関係者）という場合もあります。エリア・スーパーバイザーやチーフ・スーパーバイザーという階層性をもつ自治体もあります。

このスーパーバイザーの役割は、同職種にだけ向くのではなく、スクールソーシャルワーカーが業務で出会い、共に仕事をする他の職種へのアドバイスを負う時もあります。福祉職と他の職種との架け橋になったり、弁護士や心理職、地域のＮＰＯ関係者からも相談を受けることもあります。スーパーバイザーの中には、スクールソーシャルワーカーや教育委員会・教育行政、学校関係者のみならず、心理職や司法関係者などとも対応でき、必要に応じてそれぞれの職能団体や組織にアドバイスを行う人もいます。あるいは、スクールソーシャルワーカーと一緒に学校でのケース会議や重篤なケースに参加する場合もあります。こうしたスーパーバイザーの活用を、教育委員会や学校も求めていってもよいと思います。

(3) 学校でスクールソーシャルワーカーを育てる

スクールソーシャルワーカーの職務の善し悪しは経験や年齢だけではありません。学生時代の「スクールソーシャルワーク養成課程修了」の立場で現職に就く人も増えてきます。スクールカウンセラーにしてもスクールソーシャルワーカーにしても、その設置や配置は、この四半世紀の間、いじめや不登校などの教育的課題によって立ち上げられてきました、今、こうした若者はまさにその時代を学校で過ごしてきた当事者世代であり、就職の世代でもあります。私たちの目の前にいる子どもたちが吸っている空気をもっとも知る世代です。ゆえにこうした若者のものの見方や感じ方、考え方は、今日の学校のあり方に1つの問いを発してくれるのではないでしょうか。これを例えば「若者の力」と呼ぶならば、しっかりとリスペクトすることが大切です。

これは若い教師の育成についても同様です。学校での年齢構成など、教師の若返りが危惧されそれを克服しようとする施策があります。そこには、いかに教師力を補強するのかというトーンがあります。「若い先生は、若いということ、一生懸命であるということだけで子どもたちはついてきてくれる。年配になりそれができなくなってはじめて教育技術が必要になる」。これは教育実習の受け入れ校の先生たちからよく聞かされる言葉です。

ただ、スクールソーシャルワーカーにとって学校に一人だけという現実の勤務状況においては、同職種の先輩や同僚のすぐ横で日々仕事をしながら学びとることは難しいと言えます。学校は教育の場です。スクールソーシャルワーカーも学校で育てていくという負担に感じられるかもしれませんが、現にこうしたまなざしは全国に拡がっているのではないでしょうか。

《注》阿部謹也（１９９５）『「世間」とは何か』講談社現代新書、16ページ

鈴木庸裕他編（２０１６）『子どもへの気づきがつなぐ「チーム学校」』かもがわ出版

日本精神保健福祉士協会監修（２０１７）『ソーシャルワークプロセスにおける思考過程』中央法規出版

文部科学省（２０１０）『生徒指導提要』1ページ

文部科学省（２０１７ａ）「児童生徒の教育相談の充実について」1ページ

文部科学省（２０１７ｂ）「児童生徒の教育相談の充実について」16ページ

文部科学省（２０１７ｃ）「児童生徒の教育相談の充実について」21ページ

文部科学省（２０１６）「チームとしての学校の在り方と今後の改善方策について（答申）」

http://www.mext.go.jp/b_menu/shingi/chukyo/chukyo0/toushin/attach/1366271.htm

第2章

スクールソーシャルワーカーが学校でソーシャルワークを展開できるために

1 私がスクールソーシャルワーカーを養成するに至ったプロセス

(1) 福祉教育を通して見られた子どもの変容

20年前、筆者は高等学校の教員をしていました。その現場は、中学校からの不登校を抱えたまま入学してくる生徒、非行傾向にある生徒、奨学金でなんとか通学できている生徒など、多様な子どもたちの集まりでした。教員になった頃は、高校生たちが「どうせ私なんかだめだし」「そんなことやったって無理」などと発言することに驚きました。昼食の弁当も持ってこられず、自信なさげに会話し、努力からはすぐに逃げてしまう、そんな風な生徒が多数存在しました。そんな彼らが高校を卒業することの意味は大きく、どう支援すればよいのか、私たち教員は常に悩んでいたのです。自己肯定感をもてず、学びから逃避する子どもたちの姿に危機感を覚えていました。そんな頃、筆者は、福祉教育の担当者になりました。福祉教育の実践にも悩んでいた時に出会ったのが、大橋謙策の論文であり、その中には「子ども・青年の発達の歪み」と福祉教育のあり方について論じられていました。

その後、福祉教育を地域と結びつける実践をしましたが、左上の写真は、地域の小規模作業所と高校生の共同実践でできあがった商品です。生徒が試作品を作製し、作業所でプレゼンを行い、優秀な作品を商品化してもらいました。この福祉教育の目当ては、作業所の社会的地位の向上と、高校生の自己肯定感の獲得でした。しかし、生徒が地域に出かけて行く福祉教育の展開は、地域の他の小中学校の福祉教育を動かし、ひいてはまちづくりに貢献していくことにもなりました。

この写真の作品を作ったグループには、場面緘黙症の生徒がいました。学校では一言も話しませんでした。入学以降1年半、声さえ誰も聞いたことはなかったのです。この生徒は、このグループに入っているだけで、何もしていないだろうと予測していたのですが、作業所の方から、この生徒がプレゼンの一部を担当していたことを教えられました。そして、自分たちのアイデアが実現した商品を販売する時、彼女は「いらっしゃいませ」と声を出し、お客様に商品の説明をしていたのです。実際にこの姿を見た時の驚きを今でも鮮明に覚えています。障害当事者、地域の方々、小規模作業所を支えているスタッフの方々など、多くの人々との出会い、そこから紡ぎ出された関係性の中で、生徒の内なる力が湧き出たように感じました。

彼女はそれから、卒業後の進路として就職を決め、社会人となりました。実は、この生徒の家庭は経済的に苦しく、卒業後は就職しなければならない状況でした。高校では「場面緘黙症の彼女に就職は難しいだろう」と考えていたのですが、福祉教育を通して、こんなにもこの生徒は変容していったのです。

この経験が、筆者の子ども支援の原点です。

(2) 教育福祉から見る学校教育の重要性〜スクールソーシャルワークとの出会い〜

さて、貧困対策の1つとして、教育は古くより重要でした。セツルメント活動や工場法の教育条項はまさにそれなのです。1960年代、小川利夫は社会福祉、特に児童福祉サービスの中に、曖昧にされている子ども・青年・成人の学習・教育権保障の体系化を目指す概念として、教育福祉論を展開しました。小川は児童福祉サービスそのものに含まれる教育的機能と教育的条件整備の諸問題を教育福祉問題と定義しました。教育福祉は、教育と福祉の谷間における諸問題の1つとして貧困を取り上げ、その谷間を埋め、解決策を提起していこうとしました。

しかし、1980年代から1990年代には貧困というとらえ方は影を潜め、子ども・青年の学校における問題行動が注目されるようになりました。2000年代になり、ようやく日本においても貧困の再発見が話題となり、不安定層の増大による所得格差と学力問題、そこから生まれる社会的排除に目が向けられました。教育福祉の課題である谷間は解決されないまま、新しい課題が見られるようになったのです。さらに、2006（平成18）年前後には、「子どもの貧困」というフレームによる課題提示や研究が行われるようになりました。

この頃、筆者は、あの福祉教育で変容した生徒の変容プロセスはどのようなものだったのか、このような変容をもたらす福祉教育とはどのような理論なのか学びたいという思いが強くなり、高等学校の教員を辞め、大学院に進学しました。同時に、専門学校で社会福祉士の勉強をし、国家資格を取得しました。そこで出会ったのがスクールソーシャルワークの仕事です。

(3) ソーシャルワークの可能性

筆者が福祉の仕事に魅力を感じた理由は、生活歴や家族などによる環境に左右され困難な状況に陥っている子どもたちに、具体的で効果のある支援をなし得るのは福祉の仕事だと感じたからなのです。また、ソーシャルワークという仕事が、未来につながる人生を支援し、生きる道筋を共に考える仕事だと強く思いました。

その後、2007（平成19）年から2012（平成24）年まで茨木市（大阪府）で、さらに2013（平成25）年には半田市（愛知県）でスクールソーシャルワーカーとして勤務（いずれも非常勤）しました。現在は、日本福祉大学社会福祉学部に勤務し、主にスクールソーシャルワーク教育課程にてスクールソーシャルワーカーの養成教育、研究をする傍ら、茨木市教育委員会でのスクールソーシャルワーカー事業スーパーバイザー、愛知県教育委員会、さらには春日井市、半田市など愛知県内の自治体教育委員会におけるスクールソーシャルワーカーのスーパーバイザーとして、スクールソーシャルワーク事業にかかわっています。

そのような中、学校現場で強く感じてきたことは、子どもの行動事象に隠れている貧困（その他の諸課題ももちろん存在します）の存在です。スクールソーシャルワーカーは、子どもの問題の背景にある隠れたニーズを掘り起こす仕事でもあります。スクールソーシャルワーカーは学校で子どもの行動事象を見たり、教員から相談されたりした場合、その背景にある問題を発見しようと試みるでしょう。そのためスクールソーシャルワーカーは、行動事象に隠されてしまう子どもの貧困をはじめとする諸課題を発見する機能を、学校内で発揮することが可能になると考えています。

不登校、非行、いじめ、虐待、学力不振、等々の学校における問題ととらえられている事象の背景に貧困をはじめとする諸課題が隠れている事例では、子どもたちの問題事象に対して指導するだけでは問題解決には至りません。子ども・保護者への指導だけでは解決できない支援困難事例は増加しています。しかし、スクールソーシャルワーカーが学校に存在すれば、ソーシャルワーカーとしてしっかりとアセスメントによって、隠れた貧困をはじめとする諸課題を発見することができるでしょう。貧困が発見されれば、ソーシャルワークの支援のプロセスを踏むことによって、子どもの抱える困難を軽減、解消することが可能になると考えます。

(4) 子どもの貧困への世間の注目～ソーシャルワーカーとして自覚すること～

２０１３（平成25）年１月の社会保障審議会「生活困窮者の生活支援の在り方に関する特別部会報告書」には、「貧困の連鎖を防止するためには、義務教育段階から、生活保護世帯を含む貧困家庭の子どもに対する学習支援等を行っていく必要がある」と記され、２０１３（平成25）年６月に成立した「子どもの貧困対策推進法」には、学習支援が明記されました。学校現場で貧困による不利が顕在化・深刻化していることが政策的関心となった結果の法案成立とその内容であると考えられます。

貧困による教育的不利を解決することは、重要な問題です。一方で、学習支援に関心が向けられることは危険性もはらんでいます。「学習支援」は、貧困の世代的再生産という観点から注目されているのです。子どもの貧困は、今現在を生きる子どもの権利そのものの剥奪が問題であると同時に、子ども期の貧困が他の社会的不利益を招き、子どもがこれから生きる長い人生に貧困をもたらす恐れがあるため、政策的・社会的関心は負の連鎖を断ち切る「学習支援」中心の傾向がみられます。

しかし、この貧困の世代的再生産論は、貧困の個人責任論につながりかねません。貧困の因果関係モデルは、貧困の世代的再生産の原因について個人的欠陥を強調する部分的なものだからです。つまり、「学習支援」を強調することは貧困家庭のさらなる社会的排除を招きかねないのです。

子どもの貧困はそれのみで存在することはあり得ず、家族を単位としてあらわれる貧困を、そこに生きる子どもに焦点化したものです。そうすることによって、貧困に生きる子どもの育ちと発達の保障に何が必要であるのかを具体的に理解することが可能となります。スクールソーシャルワーカー自身が、貧困の社会的性格を自覚しなければならないのです。

(5) ソーシャルワークは社会的排除に立ち向かう～アプローチのための視座～

住民の主体形成を担う社会教育と、地域の生活における課題の解決を担う地域福祉を結びつけ、福祉教育との関連の中で教育福祉をとらえることの重要性を指摘したのは大橋謙策です。これは子どもが抱える諸問題に立ち向かうために必要な方法としての福祉教育の意味を明示していると思います。そして、先の生徒のエピソードから導かれることは、子どもが諸問題に立ち向かうには「安心・安全な場の確保」「生活場面における人間関係の形成」「自尊感情の回復」という3つの要素の必要性であることもよくわかります。

子どもの諸問題への対策は、問題を抱える子どもや子育て家庭へのリスクアプローチ（ケースワークや学習支援）のみでは、新たな社会的排除を引き起こす恐れがあります。ゆえに、子ども・若者を中心に据えた新たな連帯を醸成する教育活動、人と人とのつながりを紡ぎ出し誰もが排除されない地域をつくる実践活動が求められるのです。格差や不平等を解消するという視座からのアプローチを追求することができるスクールソーシャルワーカーを養成したいと強く思っています。そのためにも、スクールソーシャルワークの具体的な実践理論を模索したいと考えています。

2 日本福祉大学でのスクールソーシャルワーカー養成

(1) 日本ソーシャルワーク教育学校連盟による教育課程認定事業

①スクール（学校）ソーシャルワーク教育課程認定事業とは

「スクール（学校）ソーシャルワーク教育課程認定事業」は、日本ソーシャルワーク教育学校連盟が主催し、社会福祉士等ソーシャルワークに関する国家資格有資格者を基盤としたスクール（学校）ソーシャルワーク教育課程認定事業に関する規程（以降、規程）が出されています。その規程第2条において、本事業の目的は「社会福祉士及び精神保健福祉士（以下、「社会福祉士等」という。）が、学校現場等において適切なソーシャルワークを実践することができるよう養成を行うとともに、文部科学省及び地方公共団体等が実施する「スクールソーシャルワーカー活用事業」等との連動性も視野に入れつつ、児童の福祉の増進を目的とし、あわせて社会福祉士等有資格者の積極的な活用と社会的認知を高めその職域拡大に寄与すること」と記されています。本「スクール（学校）ソーシャルワーク教育課程認定事業」は、２００９（平成21）年から実施されています。２０１８（平成30）年1月現在、全国の教育課程認定校数は48校です。

教育課程認定については規程第3条に「学校現場等において、適切なソーシャルワークを実践することができる社会福祉士等を養成するために、最低限必要となる教育課程の設置要件を本協会が定め、本協会または日本精神保健福祉士養成校協会に正会員として入会している社会福祉士または精神保健福祉士の養成校、当該養成校の設置者が設置する大学院、その他の教育課程を設置しようとする団体及び機関（以下、「養成校等」という。）が行う書面による申請に対し、本協会が第6条に定める審査基準に基づき審査し、認定する」と定められました。

認定校は決められたカリキュラムを設置しており、それらのカリキュラムを修了すると、「社団法人日本社会福祉士養成校協会認定スクール（学校）ソーシャルワーク教育課程修了者」として修了証が交付されます。

②認定スクール（学校）ソーシャルワーク教育課程

認定課程には教育課程の運営、管理及び課程に在籍する学生の相談等を担当する責任者として、社会福祉士または精神保健福祉士養成課程の専任の教員1名を配置しなければなりません。また、社会福祉士養成校の認定課程には、厚生労働省令で定められた社会福祉士指定科目（19科目と実習）を全てと、次の**表1**、**表2**、**表3**で指定された科目を規定時間数以上設置しなければなりません。

表1　スクール（学校）ソーシャルワーク専門科目群

科目名	時間数			必修・選択の別	SSW 実務経験2年以上の者
	通学課程	通信課程			
		面接	印刷		
スクール（学校）ソーシャルワーク論	30h	—	90h	必修	
スクール（学校）ソーシャルワーク演習	15h	15h	—	必修	
スクール（学校）ソーシャルワーク実習指導	15h	1.5h	20h	必修	履修免除
スクール（学校）ソーシャルワーク実習	80h	80h	—	必修	履修免除

表2　教育関連科目群

科目名	科目数	1科目の時間数			必修・選択の別	SSW 実務経験2年以上の者	教職普通免許状所持者
		通学課程	通信課程				
			面接	印刷			
・教育の基礎理論に関する科目のうち、「教育に関する社会的、制度的または経営的事項」を含む科目	1科目以上	30h	—	90h	1科目以上選択必修	履修免除	履修免除
・教育の基礎理論に関する科目のうち「幼児、児童及び生徒（障害のある幼児、児童及び生徒を含む）の心身の発達及び学習の過程に関する事項」を含む科目 ・生徒指導、教育相談及び進路指導に関する科目	1科目以上	30h	—	90h	1科目以上選択必修	履修免除	履修免除

表3　追加科目

科目名	時間数			必修・選択の別
	通学課程	通信課程		
		面接	印刷	
精神保健の課題と支援	30h	—	90h	必修

学生が、スクール（学校）ソーシャルワーク教育課程修了者として認定されるためには、社会福祉士指定科目を全て履修し単位を取得するとともに、**表1**、**表2**、**表3**に従って履修・単位取得し、さらに、スクールソーシャルワーク実習に合格した上で、社会福祉士の国家試験に合格しなければなりません。

(2)「スクール（学校）ソーシャルワーク」とは

規程第1条第2項において「スクール（学校）ソーシャルワーク」とは、「学校教育法第1条で定める学校のうち原則として18歳未満の児童生徒を対象とした学校、同法で定める学校に関する施設・機関等、地方教育行政の組織及び運営に関する法律で定める教育委員会等、その他教育基本法及び地方公共団体の条例等で定める学校教育に関する施設・機関・組織その他の施設・機関等（以下、「学校現場等」という。）において、学校及び日常での生活を営む上で課題の解決を要する児童生徒とその家庭及びその児童を取り巻く環境・学校・社会・制度等を対象としたソーシャルワークの業務を行うことをいう。スクール（学校）ソーシャルワークの基本は、児童生徒の発達権・学習権を保障し、貧困の連鎖、社会的排除を是正し、一人ひとりの発達の可能性を信頼し、多様な社会生活の場において、とりわけ学校生活を充実させ、児童生徒とその家庭の自己実現を図るために、人と環境のかかわりに介入して支援を行う営みである。」と定義が述べられています。また、「スクール（学校）ソーシャルワーカー」は、これらの業務を行うものであると述べられています。

スクールソーシャルワーカーに求められるソーシャルワークは、子どもへの直接支援、家族支援、学校や地域という場への働きかけや、行政・制度への働きかけ、社会への代弁などに至る、総合的・包括的なものであることが示されているのです。そのようなソーシャルワークを、大学4年間で身につけ、実践するまでに至ることは非常に難しいかもしれません。しかし、スクールソーシャルワーカーの支援を必要とする子どもたちのためにも、できる限りの学生教育を行い、実践に即した力量をもつスクールソーシャルワーカーを養成することが、教育課程認定校としての役割であると認識しています。

次に、ふんだんなソーシャルワーク教育を実践し、大学周辺の社会資源も豊富な日本福祉大学での教育課程におけるスクールソーシャルワーカー養成について記します。

(3) 日本福祉大学社会福祉学部におけるスクールソーシャルワーカー養成

①スクールソーシャルワーカー養成のための視座

筆者が大切にしているスクールソーシャルワーカー養成のための視座は、次の3点です。

まず1点目は、「子どもをめぐる排除」の問題を鋭く見つめるということです。「子どもをめぐる排除」の問題は大きく4つあります。1つ目は、画一化され、情報化された子育て環境において、既に乳幼児の子育て段階から孤立と不安が積み重なっているという点です。2つ目は、日本社会の子どもへの厳しい眼差しと、子育て家庭への寛容さの喪失です。これらによって、現代日本における人間の発達段階に、子ども期が喪失されているという点です。3つ目は、子どもの貧困が日本でも進行しており、子どもの6人に1人が貧困であるという現状です。4つ目は、新自由主義教育による自己責任論の中に育ってきた世代が、子育てなどに「助けて」が言えない、発信できないという現状です。

次に、2点目は、「学校という場」のもつ問題を広い視点から検証し、課題解決に向かってソーシャルワーカーには何ができるかを考察するということです。「学校という場」のもつ問題は、大きく4つあります。1つ目は、「学校の壁」と地域から称されるものを、学校側から眺めた時の地域からの孤立感です。2つ目は「学校の常識」が、変化した現代社会にマッチしているのかという問題。やはり学校側から眺めた時の社会からの孤立です。3つ目は、「学校教育の特殊性」と言われるものを、学校内部から眺め、解釈すると何が見えてくるのかという点です。4つ目は、「当事者となり得ない子ども」にリアリティのある学習の場としての学校になり得るために、何ができるのかを問い続けるという点です。

3点目は、この当事者としての子どもが抱える教育と福祉の谷間の問題、小川（1985）の言う、「福祉教育とりわけ児童福祉事業のなかに実態的には多分に未分化に包摂ないし埋没され、結果的には軽視ないし剥奪されている子どもと青年の学習・教育権保障上の諸問題」をとらえる視座です。それは、経済的な「貧困」、人格的な「解放」、人間的能力の「発達」の問題です。

上述の3点を大切に伝えながら、教育福祉問題への実践としてのスクールソーシャルワークの意義を伝え、スクールソーシャルワーカーとしての価値観・倫理観を形成したいと考えています。

②日本福祉大学においてスクールソーシャルワーカーを養成するこだわり

筆者が、スクールソーシャルワーカー教育課程でスクールソーシャルワーカーを養成するこだわりは、①子どもの当事者性の回復、②子どもの学習・教育権と生存・生活権を守る支援の2つです。

どんな子どもも豊かに育つために必要なエンパワーメント支援には、福祉教育・ボランティア学習の考え方が欠かせないと思っています。スクールソーシャルワーカーによる実践で、「見捨てられない」経験をした子どもは、人を「見捨てない」行動につながるでしょう。当事者としての子どもが「粗末にされない」という実感が得られなければ、他者の存在への実感はもてないのではないでしょうか。「粗末にされない」という実感の連続が、他者への視点の変容を促すはずだと考えています。子どもたちの「今」のみを支援するのではなく、子どもたちが自分の人生を生きていくために、自分の内なる力を自ら発揮することができるようになるための支援が必要だと強く考えています。これこそ、まさにエンパワーメント支援なのです。

そのため、日本福祉大学ではスクールソーシャルワーカー教育課程に所属する学生に「福祉教育論」を必修科目として課しています。

③スクールソーシャルワーカー教育課程在籍学生と卒業生ワーカーの学び合いの場づくり

スクールソーシャルワーカーに求められる、総合的・包括的なソーシャルワークを、なるべく大学4年間で身につけ、実践するまでに至ること（非常に難しいですが）、卒業してスクールソーシャルワーカーになってからも学び続けること、これらを循環させるために、日本福祉大学スクールソーシャルワーカー教育課程では3つの工夫を行っています。

1つ目は、1年生からスクールソーシャルワーカー教育課程の情報を伝えられるようにして、学校でのボランティア活動、研修や講演会の案内を流しており、1年次からスクールソーシャルワーカーを目指して学びの視野を広げたり、深めたりすることができるようにしているという点です。

2つ目は、「あいちスクールソーシャルワーカー実践研究会」を立ち上げ、現役のスクールソーシャルワーカー（卒業生に限らない。愛知県に限らない）、教員、教育委員会指導主事、スクールカウンセラー、社会福祉協議会職員、弁護士、行政の方々、他機関の方々、等々、多くの方々に登録いただき、勉強会を開いているという点です。

これらの運営は、主にスクールソーシャルワーカー教育課程卒業のスクールソーシャルワーカーが行ってくれています。自分自身が現場で抱えるワーカーとしての悩みや、わからないことを研修テーマにして、研修を企画運営してくれています。この研究会にも、1年次から参加できるようにしており、学生たちは先輩スクールソーシャルワーカーや、様々な立場の人と学びを共にし、時にはワークショップなどを通して意見を述べ合う経験をします。多職種連携教育にもつながるような工夫も行っています。

3つ目は、日本福祉大学スクールソーシャルワーカー教育課程卒業生とスクールソーシャルワーカーを目指す学生との事例検討会の開催です。先輩スクールソーシャルワーカーの広い視点と、アセスメント力、ホワイトボードでの情報整理の方法を、現役学生が学ばせてもらいます。また、先輩スクールソーシャルワーカーも、学生からの新鮮な質問や、アセスメントにはいつも感心させられると感想を述べています。

つまり、双方向の学び合いをつくりだしています。

3 教育課程を卒業したスクールソーシャルワーカーと共に「創る」試み

スクールソーシャルワーカー教育課程で工夫した教育を実践したとしても、卒業してすぐにスクールソーシャルワーカーになり、学校現場において一人でソーシャルワーカーの仕事を行うのは、とても難しいですし、困難を感じることも多々あるでしょう。しかし、若いスクールソーシャルワーカーがもたらすエネルギーや、ソーシャルワークの価値観・倫理観は、学校現場を確実に動かしています。

ここでは、5名の卒業生スクールソーシャルワーカーの体験を中心に、「創る」試みについて述べてみたいと思います。

周囲の教職員に支えられて

原裕太・私立高校スクールソーシャルワーカー（愛知県）

私は日本福祉大学でソーシャルワークを学び始めた1年生の時に、ソーシャルワークの中でもスクールソーシャルワークという学校を基盤とする領域があることを知りました。とても興味をもったので、スクールソーシャルワーカーになることを決意しスクールソーシャルワーカー教育課程に登録しました。社会福祉士の学びを基礎とし、スクールソーシャルワーカー教育課程では、授業を通してスクールソーシャルワークの理論を学びました。４年生では、実際にスクールソーシャルワーカーが存在する現場でスクールソーシャルワーク実習をさせていただき、より学びを深めることができました。その現場では私たちのスクールソーシャルワーカー教育課程を卒業した先輩スクールソーシャルワーカーが指導してくださり、心強く思いました。

大学を卒業時には、スクールソーシャルワーカーを公募している自治体の採用試験を受けました。それは、自分自身がスクールソーシャルワーク実習をさせていただいた自治体です。その自治体に採用され、念願のスクールソーシャルワーカー（非常勤嘱託雇用）となりました。その後、いくつかの自治体を経て、２０１７年４月より現職である、私立高等学校のスクールソーシャルワーカーとして雇用されました。

現職では非常勤職員として採用され、４月からスクールソーシャルワーク実践を行いました。非常勤職員であったため、限られた時間の中でソーシャルワークをすることが求められました。また、私にとって高等学校でスクールソーシャルワーク実践を行うことは初めてだったため、高校生という時代の発達段階等の理解から始めなければなりませんでした。さらに、義務教育の学校とは違う、しかも私立の高等学校の校内の仕組みを覚えることもしなければならない仕事でした。また、生徒が広域から通っているということから、ケースに応じてその自治体の社会資源の調査や地域がどのようなところなのかということも知っておく必要がありました。

実践開始初期は、これまでの経験ではわからなかったこと、知らなかったことばかりだったため、私は、校内巡回を多くすることとともに、校内で教育相談の中核となっていた相談担当の教員やスクールカウンセラーと情報共有をする機会を多く取ることに重点的に取り組みました。この学校ではスクールカウンセラーは既に正規雇用されています。また、教育相談の仕組みがしっかりしており、中核となる相談担当の教員が熱心に取り組んでいます。私は、この教員やスクールカウンセラーと支援について話をすること、様々な必要事項を教えていただくことができました。そうした取組を通じて、スクールソーシャルワーカーがこの学校のどのような部分で役割をもち、ソーシャルワークを展開していくのかについて把握することに努めました。この学校にスクールソーシャルワーカーはたった一人しかいませんが、教育相談部門の教職員が支えてくださっていることが大きな力を与えてくださいました。

そのような中、少しずつではありますがスクールソーシャルワーカーがかかわるケースに出会い始めました。生徒や保護者との面談、家庭訪問、校内ケース会議、関係機関との連携、関係機関との連携ケース会議など、スクールソーシャルワーカーとしての活動が増えてきました。活動が増えてくることによって勤務時間も増え、決められた時間内で終えることができなくなってしまうことも多々ありました。また、非常勤雇用であったため、常に学校にいられず、スクールソーシャルワーカーが不在の時に起きた緊急事態に対して、スクールソーシャルワーカーに代わって教育相談担当教員やスクールカウンセラーがその穴を埋めてくださっていました。そのような状況に申し訳ない気持ちが湧くと同時に、スクールソーシャルワーカーとしての自分の存在意義がわからなくなってしまうこともありました。

そのような状況で、私は、「もっと働ける時間があれば教育相談担当教員やスクールカウンセラーに担ってもらっている活動を自らが担い、そうすることでもっと支援の可能性を広げることができるのではないか」という思いをもつようになりました。私の抱いた思いには、教育相談担当教員やスクールカウンセラーも共感してくださいました。そのように共感してくださること自体が私にとっては「スクールソーシャルワーカーの存在意義を認め必要としてくれている」という気持ちになり、精神的に支えられました。さらに、日頃からケースの状況を共有している教頭先生からも「もっと時間が必要ですよね」と勤務実態をご理解してくださっているのも、心強く思いました。

1学期が終わろうしている時に私を雇用している学園の担当者と面談する機会がありました。そこで9月から雇用形態の変更のお話をいただきました。スクールソーシャルワーカーの勤務実態を管理職が報告してくださり、学校において生徒の支援体制に欠かせない職種として認めていただいたのです。こうして、9月から常勤職員スクールソーシャルワーカーとして活動ができるようになり、これまでよりも多くのケースに出会い、また、その状況を改善していくための働きかけを行うことができるようになりました。

日頃、困ったことや話を聞いてほしいという状況になった時に、スクールソーシャルワーカー自身を支えてくれる教職員がいることで、「頑張ろう!」と思えるようになります。「時に支え、時に支えられる」、そのようなチーム体制の中で実践できているという恵まれた環境に感謝の気持ちでいっぱいです。自分もこのチームの一員なのだという存在意義を感じます。

その後、教育相談担当教員やスクールカウンセラーからの働きかけ、教頭先生からの学園への報告などもあり、この高等学校が、２０１８年４月から私をスクールソーシャルワーカーとして正規雇用してくださることになりました。スクールソーシャルワーカーの働きに期待されていることを

ひしひしと感じます。今後もスクールソーシャルワーク実践を丁寧に積み重ね、教職員の一員としてソーシャルワークを必要とする生徒たちに出会いたいと思います。

若いスクールソーシャルワーカーが、仲間である教職員の支えにより、育っていく様子がよくわかります。若いスクールソーシャルワーカーだからダメなのではなく、スクールソーシャルワーカーがどのように学校でチームの一員になれるかということが問題なのです。管理職を含めた教職員に導かれ、時には仲間としての支えがもらえるように、スクールソーシャルワーカー自身が学校をアセスメントしながら活動することで自分の立場を「創る」ことが可能になることがよくわかります。

でも、やはりスクールソーシャルワーカーという職業の人間は学校に一人だけですから、誰だって不安になります。だからこそ、教職員に支えられる経験はスクールソーシャルワーカーに活力をもたらします。

市の教育委員会・指導主事や管理職に支えられて

尾崎律子・スクールソーシャルワーカー（愛知県）

私は大学在学中に、スクールソーシャルワーカーを知りました。日本福祉大学にはスクールソーシャルワークの認定課程があり、座学の学びに加え、実習も経験させてもらいました。実習では実際に小・中学校で教員から話を聞き、子どもとは教室で給食を食べるなど、学校で生活している人と過ごす体験をしました。また、現職のスクールソーシャルワーカーに同行実習をさせてもらい、

スクールソーシャルワーカーの業務や役割、子どもを見る大切さなどを教えてもらいました。

このようにスクールソーシャルワーカーの学びを深めてはいましたが、スクールソーシャルワーカーを職業にするかは悩みました。その当時、私は社会人として社会へ踏み出す最初の就職は大事だと思い、一般企業で就職活動をしていたからです。しかし、インターンのつもりで行ったスクールソーシャルワーク実習で子どもや教員、実習指導者と出会い、スクールソーシャルワーカーになるイメージをもつことができたので、内定先の企業にはお断りをして、社会人1年目でスクールソーシャルワークの世界で働き始めました。

在学中に学んだことがすぐに活かされる職業ではありましたが、実際には対人援助の専門職なので試行錯誤の毎日です。スクールソーシャルワーカー2年生になり、まだまだ不安になる時は多いですが、周りの人に支えられながら活動をしています。今回は私のような若手のスクールソーシャルワーカーを支えてくれている市教育委員会、指導主事、学校現場の管理職への感謝のコラムにします。

指導主事

「どうしよう」と困る場面は、日常的な業務やソーシャルワークでもたくさんあります。若手のスクールソーシャルワーカーが「教えてください」と言うと、耳を傾けてくれる人が、一番身近にいて学校の視点をもっている指導主事です。

スクールソーシャルワーカーにとっての上司は指導主事ですので、とにかく相談しました。「教えてください」と聞くと教えてくださるのが、やっぱり教員だなと思いつつ、指導主事に活動報告に加えて、面談でわき出た疑問、教員の考え方への理解の仕方、子どもを持つ親としての意見など、本当にただの会話から相談まで顔を合わせた時には何かと話を聞いてもらい、意見を交換してもらっていました。スクールソーシャルワーカー担当の指導主事は、スクールソーシャルワークの勉強もしてくださっていて、ある時は教員視点で、ある時はワーカーのような視点で意見や質問をしてくださいました。教育と福祉、専門分野は違いますが視点は似ているところがあり、とにかく参考にしました。

私が本当に泣きそうなくらい困った時に一番に相談したり、頼ったりする相手が指導主事です。相談をしたからといって、その場で解決することはなかなかありませんが、相談事を聞いてもらえることで、学校現場に戻った時には心のモヤモヤは晴れており、次のアセスメントの再検討ができる自分になっていました。もちろん、無事に子どもやケースに良いことが起きたうれしいことも一番に指導主事に報告をします。うれしい時も困った時も、共有できる指導主事がいたので、若いスクールソーシャルワーカーですが心が折れそうになりながらも乗り越えてこられました。

いくら養成課程を出ていても、学校へ行けば、仕事やソーシャルワークを行う上で迷い戸惑います。そんな時にワーカーが頼りたいのは、やっぱり指導主事です。指導主事はワーカーの心の支えです。これからも、頼りにさせてください。

教育委員会（市教委）

ソーシャルワークでは直接的にかかわりがないのですが、市教委の行政職員さんの支えがあるおかげで働けていることを実感する毎日です。例えば、市役所内にスクールソーシャルワーカーの席を設けてくださっています。日頃、いろいろな学校を訪問して動き回っていますが、スクールソーシャルワーカーの席がある市役所へ戻ると自分の居場所があり安心します。席があるだけではなく、パソコンや携帯電話なども設置していただいています。日頃からスクールソーシャルワーカーの働く環境面で声をかけてもらうことが多く、「活動をする上で足りないものはある?」「こんな研修あるよ。出てみたら?」「困ったことある?」など、顔を見て聞いてくれています。スクールソーシャルワーカーは学校に行けば一人職場の専門職で、まだまだ孤独を感じますが、戻る場所では安心していられます。

また、研修にも業務内で参加をさせてもらい、専門的な知識を増やす機会を与えてもらっています。中でも印象的だった研修があります。私は社会人としてすぐにスクールソーシャルワーカーとなったため、社会的なマナーを学ぶ機会がありませんでした。学校内だけではなく、学校外の社会資源へ出向き目上の人とかかわる機会が多い職業でもあり、常識を知らないことや名刺の渡し方1つでも困った経験がありました。困り感を相談してみると、庁内で開催されている社会人のマナー研修へつなげてくださいました。研修を受けることでスクールソーシャルワーカーも社会人としての常識を学ぶことが大切なことを知り、研修につなげてくださったことで一人の社会人としても育てていただいていることを実感しました。

若手のスクールソーシャルワーカーですが、生活していける予算をとってくださっているからこそスクールソーシャルワーカーとして働けています。職業として成り立たせてくださっている市教委の支えは、スクールソーシャルワーカーの生活が守られ、帰る場所であり、一人の社会人としての働く意欲をくれています。今、育ててくれる環境で素直にソーシャルワークに取り組むことができています。

管理職

管理職には、いつも学校現場でお世話になっています。私は管理職とスクールソーシャルワーカーの情報のズレがないように、スクールソーシャルワーカーが一人で情報を抱え込まないように、活動内容を管理職に毎回報告をしています。学校外の多機関との連携においても、学校の窓口として連携をしていただいています。また、学校内ではスクールソーシャルワーカーが教員との情報共有をスムースにできるように、スクールソーシャルワークの認知を高める方法として、毎週の生徒指導部会への出席、現職教育の講師、いじめ不登校対策委員会への同席などの機会をつくっていただきました。スクールソーシャルワーカーが校内での連携を行うために管理職の支えがあったおかげで、教員と接点をもつことができました。

ですが、学校の中はとにかく不便で不安も多いです。例えば、パソコンがなかったり、スクールソーシャルワーカーの席が他の教員と共有だったり、スクールカウンセラーと間違えられたり。精神的には職員室にいるだけで苦痛でした。耐えきれず、職員室から脱出するため、学校で生活している子どもや教員の様子を観察することを目的に管理職から了承をもらい、休み時間や放課後など校内巡回をしました。すると、私の名前を覚えて話しかけてくれる子どもや、ちょっとした悩み相談をしてくれる教員が増えてきました。終始、職員室におらず、廊下をあちこち走り回っている私の様子を見た管理職が「来年も来てくれるなら席をつくるよ」と職員室にスクールソーシャルワーカーの席を登場させてくださいました。やったー！　席に座ると、廊下ではなく職員室で教員から声をかけてもらえるようになりました。孤独だった職員室から気持ちも環境もがらりと変わり、教員とも職員室で会話ができるようになりました。席について管理職にお礼を言うと「学校の中で困ったことは遠慮せずに言いなさい。無理なことは無理だとはっきり言うから」と言ってくれました。学校での職場環境を整えていくには主体性が必要なのは知っていましたが、学校に毎日はいないスクールソーシャルワーカーが管理職に困り事を切り出すタイミングをつかむのには苦労します。管理職からの声かけは若手のスクールソーシャルワーカーにとって、心強い言葉でした。

……

私は、市教委・指導主事や学校現場の管理職などの身近な人たちに支えられているからこそ、スクールソーシャルワーカーとして、子どものために専門職として学校現場で働けているのだと実感します。また、学校から社会に出てゆく子どもたちにも、人や環境に囲まれて生活をする良さを伝えられることができています。これからも一人で悩みを抱え込まず、支えてもらっている周りに感謝をしながら、子どもの「ふだんのくらしのしあわせ」を実現できるように、若手スクールソーシャルワーカーではありますが、一生懸命ソーシャルワークを行っていきたいと思います。

とても素直な文章から伝わってくるのは、スクールソーシャルワーカーの仕事を理解してくれている教育委員会・指導主事、管理職の存在の大きさです。これは、何も若手だから必要なわけではありません。多職種が連携しなければ、子どもに必要な支援が届きにくい現代社会において、教育委員会・指導主事、管理職が理解を示し、導いてくれること、条件整備をしてくれることは、教育にとって他職種であるスクールソーシャルワーカーが存分にソーシャルワークの力量を発揮するために必要なことです。

しかし、これらの必要な支えは、スクールソーシャルワーカーがじっと待っていてももたらされません。実は、若手スクールソーシャルワーカーは自ら多くの工夫と働きかけを教育委員会内や学校内で行っています。これもソーシャルワーク。スクールソーシャルワーカー自身の立ち位置を「創る」試みはとても重要です。

もう1つ重要なことは、せっかく関係をつくり、ご理解いただいても、教育委員会・指導主事、管理職の異動が比較的早く、また同じように関係性をつくるところからやらなければならないということです。しかし、若手スクールソーシャルワーカーは、もち前の明るさと謙虚さで見事に関係性を創りあげています。

子どもたちにどう支えられてきたか

水野峻佑・スクールソーシャルワーカー（大阪府）

２０１７年４月からスクールソーシャルワーカーとして活動を始め、私が何度も直面した壁が「子どもと出会えない」ということでした。先生方からの相談を受け、いざケース対応をしようと思っても、その対象となる子どもとなかなか出会えないのです。もちろん、子どもに関する情報は先生方からのお話を聴く中である程度は把握することができますが、スクールソーシャルワーカーとしての見立てをしていくためには、私自身の目で子どもを見て、私自身が子どもと出会い、話してみるということが必要になってきます。時と場合、接する人によって様々な表情を見せる一人の子どもをそれぞれの関係者がどう見ているのか、それぞれの見方を統合し、様々な可能性を考慮しながら見立てを進めていかなければならないからです。学校とはまた違う、客観的な視点もスクールソーシャルワーカーには求められています。

子どもと出会えない。どうしたら子どもと出会えるのか。悶々と考えていたこの時、私はケースとしてかかわる子どもとの出会いばかりを求めていたように思います。そのような中、小学校での勤務にあたっていたある日の休み時間、私は数人の子どもたちがグループになって〝ボイスパーカッション〟の練習をしているところに遭遇しました。偶然にも私は大学時代、アカペラサークルに所属しボイスパーカッションを担当していたため、何かの縁だと思い、その輪に混ぜてもらうことにしました。それ以降、週1回のその小学校での勤務日に、私は子どもたちと一緒にボイスパーカッションの練習をするようになりました。一緒に練習をするようになって間もなく、その子どもたちの担任の先生に私たちの練習の様子を学級通信に載せていただくことがありました。子どもたちが先生に私との練習のことを話してくれていたようです。子どもたちは、私のことを「ボイパ先生」と呼び、まだまだ学校内で知名度が高くなかった私と親しく接し、私の存在をクラスの中で広めてくれていました。

実は、この子どもたちのクラスには、登校渋りで私のところに相談がつながってきた子どもがいたのですが、なかなか本人と出会うことができていませんでした。ところが、突然、子ども本人から先生を通じて「(私に) 会ってみたい」と言ってきてくれたのです。実際に顔を合わせて話をする中で、「何で会ってみたいと思ってくれたん?」と尋ねると、「学級通信で見たから」と返ってきました。前述したボイスパーカッションの練習の学級通信のことです。一緒に練習してきた子どもたちがもたらしてくれた出会いだと感じました。また、この練習がきっかけで、学校内を歩いていると「ボイパして!」と学年を問わず子どもたちから声をかけられることも増えてきました。このような、子どもたちの間での〝口コミ〟により私の存在が学校の中で少しずつ広まっていく経験や、ある子どもとの出会いがさらに別の子どもとの出会いにつながる経験を何度も繰り返すうちに、ケースとしてのかかわりの有無にとらわれず、多くの子どもたちと出会うことが重要だと感じるようになりました。人との出会いの大切さを子どもたちがあらためて教えてくれたように思います。

今では、休み時間になると職員室の前まで雑談をしに来てくれる子どもや、一緒に外で遊ぼうと声をかけてくれる子どもも増えてきました。仲良くなった子どもが、友達やクラブの仲間を私のもとに連れてきてくれるとさらに輪が広がっていきます。それらの様子を見て、「難しい名前(スクールソーシャルワーカーのこと)やし、相談とかせなあかんのやと思ってた」と話してくれた子どももおり、子どもたちが〝口コミ〟で広め、気軽に接してくれるおかげで、私とかかわることへの抵抗感が小さくなっている子どももいるようです。

日々の業務の中では、スクールソーシャルワーカーとしての私自身の存在価値がわからなくなる時も多くあります。自身の活動が目に見えて明確に評価されるような基準も特になく、「この学校に本当に必要とされているのか」と感じることも少なくありません。そのような時、私に前を向かせ

てくれるのはやはり子どもたちです。ありきたりな話ですが、子どもたちの笑顔やがんばっている姿を見れば私もがんばろうと思えます。休み時間に私のところに会いに来てくれる子どもや「先生(私のこと)がおるから○曜日は楽しみ」と言ってくれる子どもがいれば、「私はここにいていいんだな」と思えます。スクールソーシャルワーカーとして活動してきたこれまでの期間、私が子どもたちを支えてきたことよりも、子どもたちが私を支えてくれたことのほうが多かったのではないでしょうか。

子どもたちから私がどのように見えているかはわかりません。スクールソーシャルワーカーとして認識されているのか。それとも先生やお兄ちゃん、ボランティアの人、教育実習生と思われているのでしょうか。子どもたちの〝口コミ〟の中でどう広がっていくかはわかりませんが、私はこれからも一人ひとりの子どもとの出会いを大切に、子どもたちと共に学校という現場で成長していきたいと思います。

スクールソーシャルワーカーという人の存在が、子どもたちの〝口コミ〟の中で広がっていった、ということに驚きを隠せません。子どもに寄り添うとは、こういうことを意味するのかもしれません。子どもに会うことができないスクールソーシャルワーカーにはなりたくない。どうすれば子どもに安心・安全なソーシャルワークを届けられるのか。まだまだ学校現場にとって新しい専門職であるスクールソーシャルワーカーが、ソーシャルワークを展開するためには、「できない」「学校ではやりにくい」「わかってくれない」と後ろ向きになり、人のせいにしがちですが、若いスクールソーシャルワーカーは体当たりで自分の考えるソーシャルワークを「創る」ためにがんばっています。そんなスクールソーシャルワーカーが、まさに当事者である「子ども」に支えられていると実感することは、とても素敵なことです。ソーシャルワークの真髄かもしれません。それは、子どもにとっても豊かな出会いの体験なのではないでしょうか。

地域の専門機関職員に支えられて

原日菜子・スクールソーシャルワーカー（愛知県）

私は日本福祉大学のスクールソーシャルワーク課程を卒業し、社会人3年目。スクールソーシャルワーカー歴も3年目です。大学在学時、就活をしていた頃は「スクールソーシャルワーカーなんて経済的にやっていけない」「子育てを経てなる職業だ」などと、キャリア支援などで言われていました。その言葉を受けて、私は「絶対にスクールソーシャルワーカーという夢を叶える！」と強く思ったのを今でも覚えています。

そんな私が、縁あって卒業してすぐにスクールソーシャルワーカーに就くことができました。そして、2年目が終わる頃「私の実践はこれでいいのかな?」と考え、悩んでいました。1年目はわけがわからずがむしゃらに依頼されたケースに取り組み、2年目はやっと相手が見えるようになってきました。次の3年目には、自身からの発信ができるそんな成長をしていくための大切な時期だと思っていました。悩みに悩み、私は自治体を移る決断をしました。

悩みに悩んで移った自治体が、現在勤務している市（愛知県）です。この市は、何もかも刺激的な地域でした。以前勤務していた自治体との資源の違いはもちろんですが、市民性、学校の様子、子どもたちの様子、これら全てが私自身のもつエネルギーにどこか似ている雰囲気があったのです。

自治体を移って、わからないことだらけの1学期当初、地域で活動されている団体名や市役所の方々の名前を覚えることで必死でした。そんなある日、校長先生と話をしていて、学校の先生の領域を超えた支援が必要なのではないかと判断されるケースがありました。私自身も何をもって良いとするのか、どのようにこの子の地域生活を支えるための連携ができるのか、とても迷いがありました。スクールソーシャルワーカーとしては地域につなぐ場合、情報収集をし、その上で先方にアセスメントを伝え、記録にも落とし込んで、どこの部分に困っているかなど具体的に言えなければならない、と思っていました。それは、時間はかかるけれど大切なプロセスだ、と信じていました。

ところが、その校長先生は「OK！　社協に電話するわ！」と目の前で社会福祉協議会に連絡をとってくださったのです。その瞬間、私は「私の考えていたプロセスはどこへ……？」と思ったのと同時に「何で？　すごすぎる、流石」だと心の中で思いました。学校という現場で、これを当たり前のように行動できる校長先生に「すごい！」という以外にどんな言葉を当てはめればよいかわかりませんでした。

そして、社会福祉協議会の方は迅速に動いてくださったのです。スクールソーシャルワーカーと共にケース会議を開き、学校と他機関の両面で何ができるかを話し合うことができました。社会福祉協議会は、学校からでは踏み込めないところを切り込み、支援してくれることになりました。私というスクールソーシャルワーカーは、年齢的にもまだまだ若く、「モノ」の伝え方が1つしかできないと自覚しています。しかし、社会福祉協議会の方はもっと違う角度から言葉を選び、アプローチをされるのです。一緒に同じケースへの支援を実践すると、私自身にボキャブラリーが増え、支援のための技術を自分に取り入れることができます。さらに、社会福祉協議会からつながった地域の福祉機関と一緒に困難ケースへの支援をすすめることで、お互いに新たなアイデアが生まれます。「よし、やってみよう！」と元気をもらえます。

なぜ学校はすぐに地域（社会福祉協議会）と連携しようとしたのか、私は考えてみました。それは歴代のスクールソーシャルワーカーの仕事ぶりを振り返ることにもなりました。そこには、歴代のスクールソーシャルワーカーが連携の基盤をつくってきたという事実があります。しかも、その根底には、スクールソーシャルワーカーとしての基盤があります。だからこそ、校長先生は私というスクールソーシャルワーカーにもその基盤があると信じて、相談をしてくださったと思います。さらに、社会福祉協議会やその他の福祉機関のワーカーの根底にも、仕事をする場は違ってもソーシャルワークが基盤にあるからこそ、行動につながる連携が可能になったのだと気づきました。これは、私がこの困難ケースを乗り越え、支援することができた大きな理由だと思います。

自治体は移っても、スクールソーシャルワーカーがソーシャルワークを展開するということは同じです。しかし、一方で自治体特有の課題の解決に向けて、ソーシャルワークをしなければなりません。同じ自治体で経験を積むことも大事だとは思いますが、私はステップアップとして別の自治体へ移り、その地域の課題にも向き合うアンテナを張ることで、自分自身の成長が促されたと今感じています。そして、なによりスクールソーシャルワーカーという存在を、指導主事や校長先生ほか教員という教育関係者だけではなく、社会福祉協議会やその他の福祉機関の方々、NPOのみなさん、主任児童委員のみなさんなどが、本当に大切にしてくださいます。地域に出向くと、「原さんがいてくれるから助かるよ」といつも温かく声をかけてくれます。子どもたちが育つ地域に、このような方々が存在すること、子どものために連携できることを心強く思います。このような周囲の方々がいるからこそ、私はエネルギッシュに活動できます。スクールソーシャルワーカーという存在を大切にしてくださる方々を私も大切にし、子どもたちのためにつながり続けたいと思います。

若いスクールソーシャルワーカーが、ソーシャルワークの共通基盤を根底に、地域の専門機関職員と連携を通して、職業人としても、人としてもつながっていくことができた経験をコラムに書いてくれました。地域の専門機関職員にとっても、私たちスクールソーシャルワーカーとの協働・連携のあり方は、これから「創って」いかなければならない領域です。このように、価値観の共通基盤を確認できる関係性は豊かな支援を「創り」出し、育むためにとても重要だと改めて感じさせられます。若手スクールソーシャルワーカーが丁寧に実践を重ねること、その実践とワーカーを大切にしてくれる地域の方々の存在、それらの相互作用がたまらなく魅力的です。

スーパーバイザーにどう支えてもらったのか　沖田昌紀・スクールソーシャルワーカー（大阪府）

目の前でA君は、自分が何に苦しんでいるのかを話してくれる。一つひとつ、言葉を選びながら。

そんなA君を目の前に、私の目は泳ぐ。ソーシャルワーカーとして、A君に対して何ができるのか。考えてみても、出てこない。ソーシャルワーカーとして、A君に何を伝えればいいのかわからないまま話をし、しどろもどろになっている。ふと下を盗み見ると手のひらには汗が浮かんでいる。

私が高校生の時に知ったスクールソーシャルワーカーという存在。この存在を知った時、「自分がなりたいのはこれだ」と思いました。大学4年間でソーシャルワークを学び、さらにスクールソーシャルワーカー教育課程でスクールソーシャルワークの学びを深め、卒業後すぐに念願のスクールソーシャルワーカーになれました。しかし、あの時描いていた〝かっこいいスクールソーシャルワーカー〟には程遠い自分がそこにいるのです。次に会う時、私はA君に何を語ればいいのだろうか。悶々と考えた先にあるのは「私は本当にソーシャルワーカーなんだろうか」という不安や自己嫌悪でした。

スーパービジョンの場でA君のことを取り上げ相談したのは、それからしばらく経ってからのことでした。A君との出会いや今の状況、私が抱えている不安、ありのままをスーパーバイザーに伝えました。どんな厳しい言葉が返ってくるのだろうと、びくびくしながら待っている私に返ってきたのは「A君のもっている力は何?」という質問でした。少し意外に思いながらも、A君と出会って知ることのできたA君の力や特技、良さをスーパーバイザーに伝えていきました。スーパーバイザーは、うなずきながら、時に質問しながら私の話を聞いてくれました。その中で、私はA君を「援助の対象」として見ていたことに気づいたのです。

A君自身が、その生活を懸命に生きていて、より良く生きようとしているのです。だからこそ悩んでいます。そして、そこから前に進む力もA君はもっているのです。このことを私は見失っていました。自分がA君に何かをしてあげないといけないと思っていました。それは無意識にスクールソーシャルワーカーである私が、A君の横ではなく上に立っていました。スーパーバイザーはこれらのことを「A君の力」が何かを問うことで気づかせてくれたのです。スーパービジョンの最後に、スーパーバイザーは私に「スクールソーシャルワーカーも悩んで迷ってもいいんじゃないかな。A君と一緒に考えたらいいと思うよ」と私に伝えてくれました。

この言葉は、私にとって衝撃でした。専門職として、迷わなくなることが成長の証だと思っていたからです。経験を積めば、力量が向上すれば、悩みは減っていくと思っていました。しかしそうではなかったのです。〝かっこいいスクールソーシャルワーカー〟は、スクールソーシャルワーカー自身のためにある〝かっこよさ〟でした。しかしそれではソーシャルワーカーとは言えないのです。どれだけ経験を積んでも、子どもの生活に向き合えば、当然迷いや悩みが出てきます。この悩みや不安を子どもと一緒に、あるいは先生や保護者、他の機関の人と共有し、共に考えていけること、それが子どもの生活に寄り添い伴走するというスクールソーシャルワーカーの専門性だったのだ、と気づかされました。

学校の中で、スクールソーシャルワーカーはたった一人。だからこそ、私たちはソーシャルワーカーであろうと必死にもがきます。もがいた先に、悩んで自信をなくす時が多々あります。ソーシャルワークの大切な基盤を見失ってしまう時もあるし、「スクールソーシャルワーカーです」と胸を張って言えなくなる時があります。そんな時、スーパーバイザーは再びスクールソーシャルワーカ

ーになれるヒントをくれます。そのヒントに気づいた時に、私はスクールソーシャルワーカーという仕事に誇りをもつことができるのだと思います。

今度、Ａ君に会った時、私はどんな表情をしているのだろう。あの頃描いていた〝かっこいいスクールソーシャルワーカー〟になることはできません。まだ目は泳ぎ、手のひらには汗をにじませているかもしれません。それでも、Ａ君の言葉に耳を傾けようと思います。一緒に悩んで考えていこうと思います。私は、スクールソーシャルワーカーなのだから。

スクールソーシャルワーカーは支援者ではあるけれど、完璧などあり得ない。誰だってそうです。だからこそ、これまでのコラムにもあったように、スクールソーシャルワーカーは、教職員、市教委、指導主事、管理職、子ども、他職種の方々に包まれ、支えられて育っていきます。支えられた経験は人を豊かにします。人を支えるパワーももらえます。

一方、専門職としての道を照らす役割がスーパーバイザーだと思います。特に、学校現場において一人で存在しなければならないスクールソーシャルワーカーにとって、支持的なスーパービジョンは欠かせません。若手スクールソーシャルワーカーは、支持的スーパービジョンの中で、自ら気づく力があることにいつも感心させられます。

スクールソーシャルワーカー教育課程で育つ学生が、スクールソーシャルワーカーになった時、彼らにスーパービジョンの仕組みはとても大切な支えです。筆者はそのスーパービジョンのあり方を、もっと模索していかなければならないと考えています。そのためにも、彼らが発するこのような言葉に耳を傾け大切にしたいのです。大切な仲間である彼らが育つ先に、子どもと共に生きていきやすい社会が、未来があるのだと信じています。

4 スクールソーシャルワークのスーパービジョンのあり方を構築するために

スクールソーシャルワーカーの雇用に対して、多くの自治体でスーパービジョン体制を整えてくださっているのは、特筆すべきことです。しかし、日本においてスクールソーシャルワーカーが新しい領域のソーシャルワークであるため、スクールソーシャルワークのスーパービジョンのあり方もこれから構築していかなければならないと感じています。将来的に若手スクールソーシャルワーカーが経験を積んで、その自治体教育委員会でのスーパーバイザーとして活躍できるようになるべきだと思います。

そのためにも、日本の教育現場におけるスクールソーシャルワーカーへのスーパービジョンとはどのようにあるべきなのか、ソーシャルワークの面から、学校教育の面から、スーパービジョンの実践を分析研究することが必要だと考えています。

多くの自治体でスーパービジョン体制を整えてくださっているとはいえ、その多くがグループスーパービジョンのみとなっています。また、スーパービジョンと事例検討会、さらには研修会の区別もあやふやなまま進行しているのが現状です。事例検討も研修会ももちろん重要ですが、一人のスクールソーシャルワーカーとして成長していくために必要なのが、個別のスーパービジョンです。スーパービジョンには、管理的スーパービジョン、教育的スーパービジョン、支持的スーパービジョンがありますが、これらをスクールソーシャルワーカーが安心して学校という現場でソーシャルワークができるように保障していかなければなりません。この体制をどのように整えていくのか、今後の重要な課題です。

さらにスーパーバイザーとスクールソーシャルワーカー、そして教員、教育委員会の指導主事や職員が、手をたずさえて、その自治体の教育課題にそったスクールソーシャルワークのあり方を創りあげていきたいと思います。

《参考文献》大橋謙策（1986）『地域福祉の展開と福祉教育』全国社会福祉協議会
大橋謙策（1992）「学校教育と地域福祉―福祉の視点から学校を問う―」『地域福祉研究』No.20
小川利夫（1985）『教育福祉の基本問題』勁草書房、30ページ
小川利夫・永井憲一・平原春好編（1972）『教育と福祉の権利』勁草書房
アルフレッド・カデューシン、ダニエル・ハークネス共著／福山和女監修／萬歳芙美子、荻野ひろみ監訳／田中千枝子責任編集（2016）『スーパービジョン イン ソーシャルワーク 第5版』中央法規出版

第3章

教職経験をもつスクールソーシャルワーカーからの発信

定時制高校への福祉の導入にかかわって

吉永惠子・スクールソーシャルワーカー（埼玉県）

1 教員時代

(1)「働き過ぎ教員」の頃

教員としてのスタートは、中学校、高校での臨時教員としての勤務でした。その後、高等学校教諭として、全日制の高校3校で勤務しました。

教科は地歴・公民、専門科目は地理です。教員の平均年齢が低かった2校目までの学校では、前半は育児休業を取りながらの担任、後半はずっと主任でした。教員の平均年齢が高かった3校目ではほとんどの期間を担任として過ごしました。生徒と共にいることが楽しく、特に子育てが楽になっていた3校目では、教員としての校務分掌等の仕事はもちろん、担任、授業＋朝夕の補習、部活動、生徒会と月曜から日曜・祭日まで、休みはお盆と年末年始の数日、そして自宅へ仕事のもち帰りで夜中まで仕事と、働き過ぎの教員の典型でした。

そういう教員は特に珍しい存在ではありませんでしたが、最後は3年間×2＝6年間連続で担任をして教員最後の年に卒業生を出し、一緒に卒業。さすがに退職と同時に燃え尽き、再任用は受けませんでした。

(2) スクールソーシャルワークとの出会い

スクールソーシャルワークは、山下英三郎先生が所沢で活動されていた頃から知っていました。生徒指導困難校の2校目に勤務していた時期で、学校はひどく荒れている頃でした。山下先生の著書『スタンドバイユー』『君の心のサポーター』など読ませていただき、生徒に対するスタンスなど大いに共感しました。しかし、学校の中にあって悪戦苦闘している自分の状況と結びつけて考えることはありませんでした。それは、スクールソーシャルワークという言葉を知ったということだけで、出会いとはいえないかもしれません。

(3) 教員としてのスタンス

生徒指導困難校でも進学校でも、クラス担任をする場合、いわゆる学級経営として集団にまとめあげるよりも、生徒一人ひとりとの関係づくりを得意としてきました。その延長線上にクラスがあるわけです。生徒個人に対して、個性を認めて接すると、自信をもち、自立・成長してもらえます。集団としても伸び代があり、個性を当然と考えることから排除などが起こりにくいように思います。集団として管理すると、個性を摘んでしまうことがあり、コンパクトにまとまってしまったり、生徒どうしでルールに過敏になりすぎたりするような気がします。

担任ではない生徒に接する時も基本は同様です。学習も、受験のための学習であっても、学ぶ楽しさ、達成感に結びつけ、それぞれの興味・関心に訴えると学力は向上していきます。また、運動部の顧問をしていましたが、同様のスタンスでチームはちゃんと強くなり県大会の常連でした。

(4) 社会福祉への関心

社会科の教員として、教科としての歴史や地理、現代社会などの授業内容を長く教材研究してきました。その中で、社会構造や社会階級に原因をもつ数々の歴史上、あるいは現代の社会・地域社会の矛盾を、社会問題としてとらえ、貧困や差別など、社会の不公正さを具体的に取り上げて指摘する授業をしてきました。

その過程に、社会福祉を、社会問題に苦しむ人々が社会権（生存権、教育を受ける権利、労働基本権、社会保障の権利など社会で人間が人間らしく生きるための権利）を獲得するための社会制度として考える、というきっかけがあったと思います。また、思考のベースに社会的弱者の立場に立つ視点をもつようになったと思います。

社会構造に原因がある様々な矛盾の解決には社会変革を必要とします。しかし、対人援助という方法であれば、社会変革を待たず、矛盾に悩む人々の問題解決が少しでも可能になるのではないか、あるいは可能性が見出せるのではないかと思いました。簡単ではありませんが、可能性はゼロではないと思いたいですね。

2 福祉職になって

(1) 精神障害者施設のワーカーとして

教員時代に精神障害者差別に関心をもち、精神保健福祉士の国家資格を取りました。地域で暮らす精神障害者を支援する施設にボランティアとして7年程かかわり、退職の年に社会福祉士の資格を取りました。退職と同時に、ボランティア先のＮＰＯ法人の地域活動支援センター（地活）で相談支援員として働き始めました。

来所する利用者さんに対して、軽作業、買い物・料理などの日常生活支援、パソコン教室、趣味活動、ピアスタッフとの居場所づくり、ひきこもりの方の家庭訪問、臨時の面談など、様々な支援をしました。ボランティア時代からですが、地活での対人関係をつくるスタンスは、基本的に教員時代の生徒に対する時と変わりませんでした。

職場には経験豊富な若いワーカーが多かったので、精神障害者福祉の支援の実際について学ぶことが多かったです。民間の施設のスタッフとして、施設を利用される方＝支援対象者に対しては、基本的に丁寧語で接します。スタッフどうしで連絡報告などする時も、敬語・丁寧語で「○時にお見えになり、○○をして過ごされ、○時にお帰りになりました」などと表現します。慣れると自然に身につき、現在も取れません。学校に入ってからも、ケース会議の時など、生徒・保護者への説明の時に自然に敬語が出て、違和感をもたれるだろうなと思いつつ、スタンスをわかってもらえるかなと思ったりします。

一方、施設にいて、自分はワーカーとして福祉をちゃんと学んでいない、福祉をよくわかっていない素人であるという思い、引け目が、いつもありました。2年目に、NPOへの補助金の削減で地活での勤務日数が減るのをきっかけに、1年間、社会人向けの大学院に入学することにしました。入学を決めてすぐに、東日本大震災がありました。職場にも避難してきた精神障害者の方からの問い合わせが入るようになり、自分の周囲にも地域にも様々に不安な雰囲気が漂う中での入学でした。

(2) 大学院生時代

週2日地活で仕事をし、週4日大学院生でした。大学院では精神保健福祉を専門に研究するつもりでした。しかし、この大学院の特徴である、現場で働いたこれまでの実践を振り返るところから出発する学びに対して、福祉職としての1年間の地活の経験より、教員としての長い経験を実践としたほうが適当ではないか、と勧められました。その結果、専門は「子ども家庭福祉」「学校にかかわる福祉的支援」を研究テーマとしました。学割を持って、学生として通学した1年間は、とても大変で、とても楽しい日々でした。

たくさんの福祉の知識を詰め込むと同時に、ロールプレイで詰め込んだ以上に吐き出させられるという毎日でした。各種の面接技法、膨大な事例研究はスクールソーシャルワーカーになってから直接実践に役に立ちました。

(3) 大学院でのスクールソーシャルワークの考察

大学院の研究の中で、目的の考察のためにスクールソーシャルワークを取り上げました。後にスクールソーシャルワーカーになる時に考えたことと通じるので、論文の研究目的の一部を引用しながら、当時スクールソーシャルワークについて考察したことを振り返ってみます。数値等は２０１１（平成23）年当時のものです。

「我が国では、学校の現場に於いての福祉的視点が十分とは言えない。そして、そのことが虐待や不登校、低学力など、子どもたちに起こる問題への対応の遅れを生じさせ、深刻な事態を招くことがあると指摘されている。貧困や家庭の崩壊などにも起因するこれらの問題は、世代から世代へ負の連鎖となって受け継がれて行く。

連鎖を切る方法として、イギリスにみられるように、学校が家庭の役割を助け、食事支援や宿題の補助、遊び場の提供などを行い、親の相談にものるというように、学校が福祉的な機能を持ち、問題を抱える親子を漏れなく支援するという形がひとつの理想として考えられる。

毎年10万人に上る高校中退者の多くは、上記の貧困の連鎖の中にある。また、心の病気に悩む場合も多い。高校中退者はその後の人生において教育・雇用から排除され、さらなる貧困に陥る。中退の防止、さらに中退後にわたって、福祉的な支援が行われる必要があるのではないか」

学校をフィールドとしたので、教員時代の福祉への関心とは違う言葉で表現していますが、対人援助という方法を用いて、貧困や家庭の崩壊などが原因で子どもたちに起こる問題を解決できるのではないか、ということを提案していて、基本的には同じです。イギリスの例は、エクステンディッド・スクールを念頭に置いて説明しています。

また、結論として、日本スクールソーシャルワーク協会のスクールソーシャルワークの定義を引用して、スクールソーシャルワークの理念は「ソーシャルワークの人間尊重の理念と、そこから派生する価値観と倫理観を重要視し、学校を基盤として子どもの最善の利益実現のために支援活動を行おうとする考え方」で、学校にかかわる福祉的支援の方法として、必要不可欠な理念であるとしました。

さらに、文科省スクールソーシャルワーカー活用事業について、自治体2カ所において、聞き取り調査等を行いました。その結果、スクールソーシャルワークについて次のような結論を出しました。

学校にかかわる福祉的支援を考える時、スクールソーシャルワークの理念は不可欠であるが、制度として現在の文科省の活用事業は不十分ではないかということです。

しかし、文科省の活用事業の始まる前から、長年にわたってスクールソーシャルワーカーによる優れた実践が積み上げられていたから、この事業が始まったのであって、今後、現在のスクールソーシャルワーカーによる実践の積み重ねが、子どもたちや保護者、学校から評価されて定着していくことを期待したい、とまとめました。

(4) 福祉に関心はあっても……

教員時代から福祉に関心があり、大学院でスクールソーシャルワークについて考察してきましたが、自分がスクールソーシャルワーカーになろうとは、考えたことはありませんでした。

前述したように、スクールソーシャルワークは以前から知っていました。しかし、教員時代には、高校ではワーカーどころかスクールカウンセラーにも、一度も会ったことも見たこともありませんでした。周りの教員も同様で、イメージもありませんでした。文科省の活用事業が始まった時は教員でしたが、ある日、急に導入されたという感じで驚きました。義務教育中心だったので違う世界の話という感じで受け止めたのが正直なところでした。

大学院で、「学校には福祉的視点と支援が有効であり必要」と言ったわけですが、文科省の活用事業のように、学校側に何の準備もなく、制度だけ先行して外部からいきなり福祉職が入っても機能するだろうか、無理があるのではないかと思いました。また、学校には人的にも時間的にも、支援を受け入れるための新たな体制をつくるような余裕はないだろうと予測しました。

自分なりの「学校と子ども家庭福祉」の目標は別にあったので、地域で友人とＮＰＯをつくり、活動したりしていました。したがって、最初、スクールソーシャルワークのお話があった時はお断りしました。

3 夜間定時制高校のスクールソーシャルワーカーになって

(1) 自治体の事業の開始

２０１２年度から、定時制高校について新規事業が実施されました。当時、定時制高校の中途退学

（中退）率が全国平均より高く、さらに増加傾向にあったことから、中退防止を主なミッションとした事業を行うことになりました。その事業の中の1つが、モデル校になった夜間定時制高校2校に、スクールカウンセラー（週1回）とスクールソーシャルワーカー（週3回・年間135日）を配置し、派遣要請によって、その他の定時制高校の支援も行うというものでした。3年間の試行で、効果があれば対象校を広げていくという目標でした。

ちょうど、大学院の卒業の時で、めぐり合わせでしょうか、スクールソーシャルワーカーになりました。事業のミッションである高校中退については、大学院で問題として提起したことです。また、スクールソーシャルワーカーの実践の積み重ねについても言及しました。制度ができたことで、学校側に準備がないまま他職種がいきなり学校に入るという問題については、承知した上で対応していく以外ないだろうと思いました。

(2) 配置型スクールソーシャルワーカーとして

モデル校になった配置校は希望して事業のモデル校になったわけではなく、事業の実施にあたっては様々な意見があったのではないかと思います。ミッションである中退防止についても同様です。したがって、教員はスクールカウンセラー、スクールソーシャルワーカーの配置も希望をしたわけではないので、歓迎されるということはないことも、当然と考える必要があります。もし、期待されていたらありがたいことです。ついては、カウンセラー、ワーカーが入ったことによって、教員の仕事がとても増えてしまったり、教員が多くの時間をとられたり、また精神的に大きな負担がかかったりしないような配慮が必要だと思いました。これはもちろん、自分の余裕がなかった教員経験から考えたことです。

スクールカウンセラーは歴史が長いのではじめてでも名前を知られていますが、スクールソーシャルワーカーは誰も知りません。まずは、先生方とは元の勤務校や部活などを質問されたら話題にしたり、配置校の生徒の特徴などを聞かせてもらったりするなどコンタクトを密にし、人間関係をつくるようにしました。しばらくして「で、何してくれるんですか?」と質問されました。それでは、ということでビラを作りました。

「1.スクールソーシャルワーカーは福祉職であることと、福祉の理念の簡単な説明。2.スクールカウンセラー、スクールソーシャルワーカーの違い。3.スクールソーシャルワーカーの仕事の特徴と教員とのかかわり方。4.自己紹介」という内容で、福祉の専門用語は使わず簡潔にしました。まもなく、生徒についての相談が入るようになりました。

(3) 支援の開始と仕組みづくり

担任の先生と

生徒に支援を行う場合は、担任の先生と細かな情報交換を行い、アセスメントを示しながら支援の方法(生徒との面談、保護者との面談、訪問等)を何度もよく相談してすすめました。いわゆる連携ですね。そうすると福祉的な見方も先生方にわかってもらえますし、担任の先生は生徒と毎日一緒にいるのですから、担任の先生を通じて生徒に支援が届けばより効果的です。

養護教諭と

養護教諭は、毎日生徒が登校する時に全員の健康観察をしています。出勤日は一緒に玄関に立ったり教室を回ったりしながら、生徒の様子を見たり、話をしたりしました。また、必要に応じて面談の約束をしたりもします。養護教諭とも生徒の健康状態、背景にある家庭の状況、心の問題等の情報共有・意見の交換を密にし、カウンセリングが必要と思われる生徒についても相談し、必要に応じてスクールカウンセラーとも情報共有、支援の相談をする形をつくりました。養護教諭、スクールカウンセラー、スクールソーシャルワーカーが、生徒への支援方法について、それぞれの視点から意見を交換し合うことは支援に大変有効でした。

ケース会議

スクールソーシャルワーカーによる生徒との面談後やスクールカウンセラーのカウンセリング後、また緊急対応があった場合などに、担任教諭、養護教諭、スクールカウンセラーなどに集合してもらい「振り返り」を行いました。外部機関と連携した時など、必要に応じて、管理職、保護者なども入るいわゆるケース会議に発展させていきました。しかし、学校になじみのない「ケース会議」という呼び方はしませんでした。

授業見学

事業のモデル校ということで、様々な人々の視察、見学が舞い込みました。来客のための授業見学の調整を頻繁に行う中で、授業見学が日常化し、スクールカウンセラーと一緒に空いた時間に授業見学に行き学習の様子を見て、個別学習支援に役立てたりしました。

スクールカウンセラーと

授業見学の流れで、スクールカウンセラーから授業時間にクラス単位のSSTを6回連続で行いたいという提案があり、教務と協力して調整、実現させました。このSST授業は、対人関係が苦手な子が多い配置校では効果的で評判も良いです。スクールカウンセラーとは連携し工夫しながら、いろいろな支援を可能にすることができました。

元教員であるスクールソーシャルワーカーとして

一気に完璧を求めないで、元教員の強みを活かし教員の立場に立って、無理せず、機会をとらえたら確実にすすめると可能なことはたくさんあるように思います。生徒のためと思うことが、自分と先生方と違うのは当然で、同じだったらスクールソーシャルワーカーは必要ないので、先生方にいろいろな支援を提供して、少しでも生徒に届くよう頑張ったりします。元教員で、学校配置で先生方と密にコンタクトをとっても、福祉職としてのスタンスをきちんと守ることは重要です。それは、先生方も支援を提供する対象と考える、ということで簡単にできると思います。

(4) 中退防止のミッション

夜間定時制高校に入学してくる生徒のほとんどは、家庭的・経済的に恵まれず、困難の中で育ってきた生徒です。いじめの被害、虐待、家庭崩壊、非行の経歴、発達障害、疾病などといった問題や背景をもっていて、その中の多くの生徒は、これらを一人でいくつも抱えています。外国に由来をもつ子も多いです。生活保護家庭の比率も高く、貧困の問題はとても深刻です。そのために、小学校の時から不登校であった生徒も少なくなく、中学校ではほとんどの生徒が不登校を経験しています。適応指導教室や相談室・保健室などに登校していたという生徒が多いですが、どこにも行かなかったという例もあります。

夜間定時制高校の先生方の生徒への指導はとても丁寧で、学習指導も生活指導もよくそこまでと思うほどです。そのため、中学校は不登校でも、高校入学後は登校できている生徒もたくさんいます。そうであっても、中退も多いのが現実です。様々な困難を抱えた子どもたちが、高校を中退した後に直面する現実は、とても厳しいものがあります。アルバイトすらできない生徒もいます。彼らにこそ、是非、高卒の資格をもってもらって、少しでも将来に可能性を広げ、自立を目指せるとよいと思います。

そういった生徒たちの学校生活や家庭生活における困難を、先生方と協力して少しでも軽減するように支援し、それによって中退せずに学校を続けられ進路も決まって卒業できる、という例は少なくありません。中退率の問題は別としても、中退防止のミッションは有効であったと言えると思います。

中退防止だけでなく、経済的な問題を様々に工夫して解決することによって希望どおりの大学に進学できたケースや、発達の問題を抱えた生徒を、家族、先生方、スクールカウンセラー、多くの関係機関を結びつけ連携することによって、長い時間をかけて福祉的就労に結びつけたケースなどは学校の中で評価されました。

学校にスクールソーシャルワーカーが入ることによって、生徒にとってプラスになることが1つでも増えるよう期待したいと思います。

スクールソーシャルワーカーとして子どもの生活や家庭と向き合って

小野寺典子・スクールソーシャルワーカー（福島県）

1　4年目を迎えて

スクールソーシャルワーカーという立場で子どもたちに接して4年目になります。教員とは違った立場で子どもたちやその保護者に向き合うと、教員時代にはあまり意識していなかった複雑な家庭状況や経済的な困窮といった様々な問題が子どもたちを苦しめ、心の発達に大きな影響を与えていると痛感しています。

教員時代、子どもの教育に関する悩みを一人で抱え込みながらも、なかなかＳＯＳを発しない保護者やつらいと感じる学校生活や家庭状況を誰にも話そうとしない子どもたち、周りの大人を信用し相談していればもっと肩の荷が軽くなり、楽になるのにと思うことが度々ありました。

しかし、そのために何をどうすればよいのかに悩みつつも具体的な改善につなげることができませんでした。

今、発達障害、不登校、いじめ、経済状況の悪化による子どもの変化（欠食、服装の汚れなど）、保護者支援、虐待、面前DV等々、スクールソーシャルワーカーへの要請内容は様々ですが、教員時代のそうした反省から学んだ経験を活かすことが多々あります。とは言っても、より環境面に働きかけるソーシャルワークのアプローチについて、その技法の面においてまだまだ欠けていることが多々あると感じています。

養護学校（当時）小学部の教員からスタートした教員生活。結婚のため依願退職し家庭生活に入ったものの、主婦という立場の中で悩み、再度採用試験を受け、教職に復帰しました。以来、家庭科教員として20年、管理職として12年間の仕事を通し、様々な方々と知り合い、多くのことを学び、支えてもらった経験があります。

特に、東日本大震災後の東京電力第一発電所の事故により、学校も我が家も帰還困難区域に指定され、学校が県内4箇所（サテライト校）に分断された時の精神的・物質的支援には励まされ、学校再建の勇気をいただきました。このことがスクールソーシャルワーカーとなった今でもその経験が活かされ、感謝の念で一杯です。

教員の常識は非常識とよく言われますが、学校という組織と教育行政で培ってきたことは私にとって大きな財産です。特にその時、その時の経験を培ってきた時の人々とのつながりは、何ものにも代え難い宝になってきました。

子どもたちやその保護者にも、ライフステージ上で出会った人々とのつながりを大切にし、今を大事にして一歩一歩着実に前に向かって歩みをすすめてほしいと願ってスクールソーシャルワーカーをしています。

2 教員時代を振り返る

(1) 障害児教育に学ぶ

学生時代、近くの重度心身障害児の病棟を見学したことがありました。その時はじめて障害が重い子どもたちと出会いました。身体はある程度大きく就学年齢に達していたと思われるのですが、暗く大きな部屋にいくつものベッドがあり、その中だけで生活をしている子どもたちの姿を見て衝撃を受けた覚えがあります。

初任で赴任した知的障害児の学校（小学部・中学部）は、明るく清潔で設備も整っていました（トイレ付き教室）。そして、障害特性についてまったく知識のない私たち新採用教員を同僚が仲間として受け入れてくれて、特殊教育（特別支援教育）について丁寧に教えてくれました。

子どもたちの多くは県内各地から親元を離れ、近くの福祉施設で生活していたため、施設職員との連携は不可欠でした。中には、入学前まで家の中の柱に紐でつながれ行動が規制されていた子や、咀嚼がうまくできず栄養不良の子どもも在籍していましたが、みな明るく元気でその笑顔はとても魅力的でした。

先輩教員の子どもたちに注ぐ視線は温かく、障害があってもなくても子どもは可愛い存在であり、一人の人間として尊重されなければならないことを学んだ時期でもあります。豊かな自然の中で子どもたちと共に十分に体を動かし、小さな成長にも保護者と共に喜びを分かち合った時間であり、私の教員としての原点でした。

⑵ 困った時はお互い様

二度目の新採用教員として赴任したのは高校でした。私からみて経験豊富で個性的な教員が多く、中には全校生徒からも他地区の教員からも尊敬される名物教員がおられました。この方は、圧倒的な教科指導力、話術や板書のうまさ、迅速できめ細かな生徒対応等、全てが憧れの的でした。校務分掌や部活動の指導のあり方、家庭科教員としての学校家庭クラブ活動の指導法など、丁寧に指導していただいたことを思い出します。

私自身、子育て中であったため多くのサポートをしていただき、「困っている時はお互い様、私たちも先輩教員からいろいろ支援していただき今日がある。だから今度は私たちがサポートする番。気にすることないよ」と。温かみのあるこの言葉は忘れることができません。そして、私もその年齢になったらさりげなくこう言える人間になろうと思ったものです。職場の人間関係はどうあるべきか、もしもの時にはどう対応すべきかなども教えられました。このことはスクールソーシャルワーカーになっても生きていることです。校内巡視をしている時、先輩から「トイレや教室にゴミが散乱したら学校が荒れる前兆。だから授業の時も放課後も教室環境や生徒たちの様子を細かく観察して」と生徒たちへの目配りの大切さを教えられました。

校内暴力が頻発した１９８１（昭和56）年、横浜市内の中学生等が浮浪者を襲撃した事件は大きな社会問題となり、今でもその時の衝撃を覚えています。転勤先の高校でも生徒たちの服装をはじめ、学校生活全般に落ち着きがなく、校舎の中は煙草の煙で充満し、廊下の向こう側が見渡せない状況でした。教員は休み時間のたびに2、3人で校舎内を巡視する生活が続いていました。

中学校時代、成績により受験する高校を振り分けられ、不本意入学した生徒も多かったのか、全てに投げやりで不満ばかり口にしていた生徒も少なくありませんでした。まして、興味・関心や意欲が湧かない検定試験を受けさせられる——それは彼らにとって苦痛以外の何ものでもなく、学校内においても多くのストレスを抱えていたのかもしれません。

今では多くの高校で生徒理解のための「面接週間」を設け、ホームルーム担任とじっくり話し合う時間を設定するようになりましたが、当時は不適応行動をとる生徒を力で抑える生徒指導が行われていたように思われます。

バイクでの事故も後を絶たず、生徒が亡くなったり事故を起こしたりと生徒指導のあり方を考えさせられました。以来、全県的に「三ない運動（バイクの免許を取らせない、買わせない、運転させない）」が展開され、より厳しい生徒指導を要求されるようになりました。

(3) はじめてのホームルーム担任として

その頃、担任希望を出してやっと2年目にホームルーム担任になることができました。「女に担任は無理」と言われ続け、副担任や学年付きで甘んじていたのですが、教員になった時から担任として生徒に接していたいという希望をもっていました。

ある日、先輩教員から「夏休み中は全ての生徒の家庭訪問をしたほうがいいよ。いや、是非、実施すべき。そして、もし問題行動を起こして特別指導で家庭訪問する時は、できるだけ自転車や自動二輪車で行くこと」とのアドバイスをもらったことがあります。

「家庭で家の中の様子を見れば、ある程度の生活状況や生い立ちがわかり、保護者とゆっくり話し合うこともできる」と考え、1カ月で全員の家庭訪問を試みました。高校生の通学範囲は広範囲に及ぶため、走行距離は会社の営業車並みになりましたが、それでも通学上の苦労や家庭状況がある程度わかり、後の生徒指導に大変役立ちました。また、いろいろな学習会に出て、先進的な学習指導の取組状況やその指導法、そして生徒が主体的に取り組んでいる生徒会活動などについて学ぶようにしました。

「生徒たちの集中力は幼児と同じ15分から20分、間にはコマーシャルを入れないといけないよ。とにかく生徒が飽きないような面白い授業をしなければならない。そのためには下準備が大事。授業の工夫が最高に楽しい」。これも学習会で学んだことです。

3 不登校対応のまずさ

今でも引きずっていることもたくさんあります。

ある時、生徒の母親と祖母が突然来校されました。話を聞くと「息子が朝になると腹痛や頭痛を訴え、登校を嫌がるようになった。仕方がないので、体調不良による欠席と学校には連絡したが、昼近くになると元気になり起き出してくる。夕食も家族と楽しげに食べ、明日は登校するから心配しないでと言う。しかし、翌日の朝になるとまた同じことを繰り返す。これは一体どういうことなのか。〝学校で何かあったのではないか〟と聞いても〝何もない〟という答えしか返ってこない。どうしたらよいかまったくわからない」。こういったことを涙ながらに訴えられたことがあります。

この生徒は、家族全員から可愛がられて育ち、口数は少ないものの性格は穏やかで、高校で学ぶ目的をしっかりもって入学した生徒でした。そのため、突然登校を嫌がるようになった理由は家族にはわからなかったのだと思います。

同じ中学校出身者は少なく、自宅から高校までは自転車、電車、徒歩と長い時間を費やして通学していました。当時、通学電車の中は高校生の乗車マナーが悪く、定期的に各学校の教員とＰＴＡが協力して通学電車に乗り込み、生徒指導をしなければならない状況でした。したがって、その途中で、あるいは学校内でからかいやいじめがあったのではないかと想像するべきでした。担任として学年主任や他の学年担任に相談するものの、クラスの生徒たちが書いた激励の手紙を持ち、男子生徒数人で家庭訪問を数回試みただけで、その生徒の困り感を客観的にとらえることをしませんでした。さらに教育相談機関や精神科受診などをすすめ、そのことが生徒を追い詰め、結果的に進路変更せざるを得ない状況をつくり出してしまった経験があります。

あの時、登校をしぶる生徒の不適応反応をきちんととらえ、じっくり時間をかけて生徒と向き合っていれば、生徒にとって必要な支援を提供していればと、今でも後悔あるのみです。教員としての力量不足により一人の生徒も救うことができず、本人のみならず家族にも申し訳なかった。この思いは今でも引きずっています。

4 生徒に成功体験をさせたい

「担任をしたら責任をもって卒業させる」。このことを心に誓い、「全員で卒業しよう！　私は学校でのお母さん」と入学間もない時期から生徒たちに語り続け、連続3回の卒業生を送り出したことがあります。

ある転勤した学校は生徒指導の件数はきわめて少なく、その分、教科指導や家庭クラブ活動、生徒会活動の指導に力を入れることができました。しかし、中学校時代リーダーを経験したことがなく、主体的に活動することのできない生徒が多くいました。そこで学年会で協議し、様々な体験を通して成就感、達成感、自分たちでもやればできるとの成功体験を積み重ね、「この学校に入学してよかった」との思いをもって卒業できるようにすることを目標に掲げました。

球技大会、体育祭、夏休み中の尾瀬散策、リーダー研修会、3年に一度の公開大文化祭など、あらゆることに積極的に生き生きと取り組めるようお膳立てに力を入れ、生徒が主役になる行事づくりを心がけました。特に公開大文化祭においては、当時どこの高校も取り組んだことのない巨大壁画を空き缶や折り鶴を使って完成させました。制作に数カ月を費やし、管理職からは「本当に完成させられるのか」と心配されましたが、校舎全面に屋上から吊り下げた壁画は美しく圧巻であり、生徒たちも成就感や達成感を味わうことができたようです。

行事の成功の最大の鍵は、教師どうしの「生徒に何とか自信を育てたい」との熱い思いでした。新採用の教員も巻き込み、どんなことも生徒と教師が結束すれば大きな力になると実感した経験が日々ありました。また、家庭クラブ活動として地道に取り組んでいた福祉施設へのボランティア活動は、組織的に全校生徒で取り組むようになり、町の社会福祉協議会や地域の老人連合会の方々との連携を密に図り、生徒たちは教員以外の町の方々ともふれあうようになりました。

また、地域の民間会社と協力し、家庭科の授業やホームルームの時間を活用して、民間会社の敷地内にケナフを植えたり収穫したりしながら環境問題に取り組んだこともよい思い出になっています。

様々な体験を通し、子どもたちは生きる力や自己肯定感を高めていきます。失敗も貴重な経験。だからこそ学校行事や学年行事を大切にしてほしいと願います。

5 家庭科教員の視点から

ちょうど、高校家庭科の男女共修（男子も家庭一般4単位必履修）がスタートした年のことです。その頃、家庭科の教員として感じたことがあります。

生徒たちは生涯を見通して生活をつくる力や生活を主体的に営む力の育成を目指し、家庭科を学んでいます。

ある授業での1コマですが、「自らの食事風景を絵に描く」という取組で、ベッドの上で一人カップラーメンをすすっている姿を描いた生徒がいました。煙草や服装の乱れなどで常に注意を受けている生徒でしたが、この絵を見て家庭的な悩みを抱えていることにはじめて気づかされ、表面に現れている問題行動のみで、その生徒を見ていては正しい生徒理解には結びつかないことに気づかされました。

「中学校にとって俺たちは授業の進度を遅らせる邪魔な人間だから、音楽室で自由に過ごさせてくれた。なぜ高校の先生方は俺たちに声をかけたり構うのか」と、授業中に質問した生徒がいました。私が「入学させたのだから卒業まで責任をもつのが教員の役割」と答えたら、とても不思議そうな顔をされました。また、教員にとっていわば「悩みの種」である男子生徒たちが、福祉ボランティア活動においては積極的に老人にかかわり、根気よく老人の話に耳を傾け、優しく穏やかな顔で身の回りの世話を行っていました。

そのことを担任に報告したら、その姿を是非、自分も見てみたいと言って、担任も一緒にその活動に参加するようになりました。施設の老人からは「高校生が来ると一気に所内が明るくなり元気をもらえる。先生はもう来なくてもいいよ」とのうれしい言葉をいただき、その言葉が生徒たちの背中を後押ししてくれたようです。

ホームルーム担任をしながら学年主任を兼ねた時に、男子は小学生のように精神的に幼く、女子生徒がお姉さんのように男子をリードしてくれたクラスがありました。この頃、生徒たちが熱中していたのが「たまごっち」です。同じ空間にいれば話をしなくても友達。とは言え相手のことは何も知らないし、相手のことを理解しようとも思わない。まして、相手が傷つくようなことは決して言わないという以前とは異なる生徒の姿に頭を抱えたことがあります。

その時、担任として大事にしたことは、やはり「全員で卒業。朝と帰りのショートホームルームは手を抜かない。特に帰りのショートホームルームは全員揃うまで待ち、1日の反省をしてから下校」の徹底です。私が出張で留守の時、代わりにホームルームの面倒をみてくれた教員が、「まるで小学校のようですね。でも、さようならの元気なあいさつは気持ちがよかった。いつでも担任の代理を引き受けますよ」と言ってくれました。

6 教頭として再び障害児教育を学ぶ

その後、知的障害の養護学校（当時）に教頭として赴任しました。何が起こるかわからないので学校の近くに住んでほしいという校長の指示に従い、単身生活のスタートでもありました。実際に、夜中に幾度も子どもの捜索に出かけたことがありました。

私が教師になったばかりの頃とは異なり、特別支援学校に必要な専門的な知識や技術を身につけた教員が大部分であり、小学部から高等部の教育課程も学習環境なども、当時よりはしっかり整備されるようになっていました。長く通常学校にいたこともあり、知らないことずくめの状況で、各学部の教務主任や学部主事には一から教わることになりました。年度当初は100名を超す教職員と子どもたちの名前を覚えるのに必死でした。

障害の軽い子どもたちは6名から8名のクラス編成、重度障害の子どもたちは2名から3名のクラス編成と障害の程度によりカリキュラムも異なり、手厚い教育が行われていました。「一人ひとり障害が異なるので、それに向き合い対応するのが養護学校。また不得意とすることに時間をかけるのではなく、得意なことを伸ばしていくことが大事」と教えられ、まさに目からうろこの状態でした。単に通常学校との違いという意味ではありませんが、今まで生徒一人ひとりの違いを認めず、学校という集団生活をしているのだから「皆と同じように枠の中に入って」と生徒たちに強要していた教育方針の誤りに気づかされました。高校勤務の時に、「みな違っていていいんだよ」と言っていたら、彼らはどう変わっていたのだろうと、今でも時々考えることがあります。

教頭として保護者と接する時間も多く、保護者の悩みや要求にじっくり耳を傾け、教職員と共にその対応にあたりました。多くの人に子どもの障害についてもっと理解をしてほしいという保護者の気持ちに寄り添い、学校をあげて地域の夏祭りに参加したり、学校五日制に合わせて障害をもつ子どもの余暇活動サークルを立ち上げ、高校生・大学生のボランティア生と共に様々な活動を展開するなど充実した時間を過ごしました。

7 教職員集団の中にあるソーシャルワークの要素

スクールソーシャルワーカーとして、学校から要請を受けて、母親と面会するために家庭訪問を行った時、玄関先で私の顔を見るなり「うちは誰の援助も受けません。お帰りください」と追い返されてしまったことがあります。自分では意識していなかったのですが、おそらく高圧的な雰囲気がにじみ出ていたのかもしれません。それからは教員時代のスーツ姿からラフな服装に替え、お節介なおばちゃんに徹することにしている自分があります。

頑なに心を閉ざしたままの生徒と、どうすれば信頼関係を構築できるのか。幼児期の虐待経験から対人恐怖症になっている生徒にどうかかわり、問題解決を図ればいいのか。日々、悩みは尽きません。そして地域とのネットワークを築いていく時に、養護教諭や担任はもちろんのこと、地区の保健福祉や医療機関、時には児童相談所や放課後デイサービスなどとの連携をいかに図っていけばよいのか。これらは、他のスクールソーシャルワーカーの仲間と共に私自身もたくさんのスキルや知識を身につけていきたいことです。

以上、教員生活の中で培ってきたことがスクールソーシャルワーカーとしての自分にどう活かされているのかを述べてきました。これらは個人としての姿勢や力量についてですが、さらにお伝えしたいことがあります。それは、教職員集団の中にあるソーシャルワーク的な特徴とそれを大切にする校長の役割についてです。成熟した教職員集団ときめ細かい生徒指導には密接な関係があるという点です。この成熟とは、具体的な事実をもとにして話し合いをして、互いに相手を尊敬し合っている教職員の関係です。

肢体不自由児の学校では、常に医療的ケアが行われ、複数の看護師と教員が協力しながら授業を実施し、病院から通学している子どものために医療現場のスタッフと密接なかかわりをもちます。私は、管理職として教師と他職種との協働の場が子どもたちや保護者を支え、命の尊さを感受し合い、さらに個々人の経験則によらず絶え間ない教員の研修を推奨し、そしてチームワークの大切さが感じられるように心がけていました。

学校には、拒食症やいじめ、万引き、ひきこもり、喫煙、面前ＤＶによるＰＴＳＤ、若年妊娠、自殺願望、発達障害など、様々な問題を抱えた子どもたちが在籍しています。その時に教職員が集団として、個々の生徒の生活状況を組織的に把握し、さらに生徒指導部の教師たちやスクールカウンセラー、養護教諭、ホームルーム担任などが対等な関係になって、具体的な手立てと結びつく支援計画の策定とその後の動向を継続して見守っていこうとしていると、問題が軽減することも多くあります。その際、教師や専門職一人ひとりの「自信」（立場や専門性）を見抜いて働きかける校長・管理職としてリーダー性が欠かせないと思います。

教育でも福祉でも、「ここにいるよ」というメッセージを

安永千里・スクールソーシャルワーカー（神奈川県）

1 スクールソーシャルワーカーになってみませんか

(1) はじめて聞く職業への迷い

私は幼い頃から教員だった父親に憧れ、大学を卒業した後は、教員として公立の中学校で勤務しました。父の影響と周囲の思いからか、小さい頃から「先生になるものだ」と思い込んでいたように思います。教職生活の10年間、子どもたちと共に泣いたり笑ったり、かけがえのない日々でした。その後、8年ほど専業主婦としての時間を経た後、様々な種類の「相談」の仕事にご縁をいただきました。民間企業にて、メンタルヘルスやセクハラなどの相談対応、派遣社員の就業上の相談や派遣先企業との職場改善の業務、そして福祉事務所では女性相談員としてドメスティックバイオレンスの相談対応などをさせていただきました。

ちょうどその頃、児童福祉関係の職員の方から「スクールソーシャルワーカーをやってみないか」

と誘われたことがきっかけで、7年前に現在の職と出会いました。

「スクールソーシャルワーカーという仕事をやってみないか」と言われた時、私には迷いと違和感がありました。はじめて聞く職業であり、「何をしたらよいのかわからない」という迷いです。そして不登校や非行の子どもたちを支援するということの違和感です。「不登校って、非行って、支援するものなの？」という漠然とした、今から思えば恥ずかしいほどの認識でした。教員時代、長期の不登校だったり非行傾向だったりした生徒を受けもったことがありました。いずれも「担任教師として」考え、かかわることで生徒の葛藤に寄り添い問題を解決していった経験から、あらためて「支援」と言われると、それが何を指すのかイメージできなかったのです。

また、今でこそ学校現場に「支援」という言葉が自然に存在していますが、私が教員だった頃にはまだまだ馴染みがなく、「教師の活動＝指導」といった考えが強かったように思います。スクールソーシャルワーカーとして支援に従事するうちに、この違和感が「自分の大昔の認識と狭い経験から」起こっていたことに気づき、一人で赤面しました。

(2) 人の話を丁寧に聴ける人

こうした経験から迷いが強かったため、とうてい自信がなく、数日考えて声をかけてくださった方に断ろうと思っていましたが、断る直前に試しにその方に尋ねてみました。

「私は虐待対応の仕事もしたことがないし、子どもを生み育てたこともないので、子どものことで悩む親の支援が本当の意味でできるでしょうか」

その方は、静かに、でも即答で「できるよ。支援はね、まず聴けるってことが大事なの。子どもを持っているかどうか、育てたかどうかなんていうのは関係ないんだよ。人の話を丁寧に聴ける人かどうかなんだ」とおっしゃいました。

丁寧に聴くこと。教師時代に生徒の話をゆっくり聴いた場面や、これまでやってきた相談業務での「丁寧に耳を傾ける」を思い出し、「それならば私はできるかもしれない」と考え直し、応募書類を提出しました。

もちろん、相談そのものが業務である頃の「聴くこと」と教師時代のそれとはまったく同じではありません。生徒たち一人ひとりの話を十分に聴けていたかといえば、多忙や教師から見た子ども観のような一種の決めつけがあったかもしれません。

学級や部活動で問題が発生した時には、私なりに時間をとって個別に生徒の話を聴いたつもりではありましたが、担任は毎日生徒と会うので、何も相談という形をとらなくても子どもの声を聴く、知る方法はありました。「生活の記録」といった小さな欄に日記を書いて提出してもらっていたので、それを読み、コメントを書くことが楽しみでした。文章が苦手な生徒はイラストでもよい、としていたので、年間を通じて漫画で今日の気分を表現した子もいました。あまりにも才能豊かだと思ったので、週報でそれを紹介すると、級友の意外な才能に学級は驚き、その日から彼に読者がついたこともありました。学校にいる1日をかけて担任は子どもを見たり、目を合わせたり、ノートでやりとりをしたり、廊下で話したりと、そんな活動全体で「聴く」「子どもの今を理解する」ことがあったように思います。

(3) 専門性を学校に伝え、理解してもらう

スクールソーシャルワーカーという職務に就いて実感したことは、「私の役目は福祉と教育の架け橋なのだ」ということでした。学校文化を知っており、かつ福祉事務所にもいた経験はまさにこれができると思いました。子どものことで福祉や医療の方々と先生方が会話する場面で、用語の使い方、理解などに違いがあり、そのまま会議が進行し、終わっていることに驚きました。教員経験だけのままだったら、きっと気づいていなかったことかもしれません。

例えば、「情報共有」という言葉について、教員にしてみればちょっとドライな印象をもちます。そして、カンファレンスの目的が「情報共有」と掲げられた時、子どもの支援や対応を考えたい「今」にとって、そのテーマの会議がどんな意味をもつのかはわかりにくいのではないかと思っています。そんな時は、事前に学校や他の福祉職の方と会議の下打ち合わせをして、何のための情報共有であり、それをすることによって子どもの現状をどう理解し、それによって明日から各々がどうしていけばいいのかまでが明確になるような会議にしていくことを確認しています。

当日は司会を助けながら前述の内容が達成できるよう、ファシリテートを担い、会議途中に「要保護」「要対協」「全体守秘義務」などの言葉が出た時には、少しだけわかりやすく説明を加えるようにしています。また、「子どもの幸せ」といった抽象的な概念を支援目標にもってきた場合には、教師のイメージする幸せと、福祉職のそれが同一とは限らないため、双方に「具体的にはどんな状態が幸せと想定していますか?」という質問をすることで全体がクリアになるように工夫しています。

このように、学校世界で特有の用語や概念の解釈、指導と支援の区分けへの考え方など、学校文化とも呼べそうなものと、福祉のそれを双方意識しながら、互いの意見にズレがないようにしていく――それは私ができる強みであると思っています。さらに、ケース会議を通じて成功体験が保障できるように努力しています。業務の多忙感に押しつぶされそうな学校の現状からすると、放課後の時間を会議に取られることは負担に感じるところです。そんな時に「こんなことがありました」といった情報共有のみの会議で終わってしまうことが続くと、会議そのものに不全感をもちやすくなります。

子どもの支援のための会議はとても大切です。そこで、ケース会議には「専門職としての目的」を明確にして臨んでいます。子どもの支援の方向性や役割分担が明確になることはもちろんですが、会議の中盤に展開されるアセスメントと意見交換の場面では、子どもがいかに生活というものを背負い、黙ってこれまで生きてきているのか、そして言葉にはなっていなくとも心の底でもがいている苦悩などを代弁し、そのことを先生方にどれだけ感じていただけるかを工夫しています。それを補完するツールとして、会議での板書をシステマティックにするようにしています。

2 私の役割は福祉と教育の架け橋

(1) 誤解を解くこと

不登校のケースにかかわりはじめた時のことです。ケースを受理した頃は、学校はカンカンに怒っていました。事情を聴きに行くと「まったく怠け者なんだよ！　あの親は！」との発言です。中学を卒業したきょうだいの頃からのエピソードが学校中に流れており、親も子も怠けによる不登校であるという結論ありきの状態でした。自ずとその後の支援は学校からの協力が得にくく、スクールソーシャルワーカーとしては苦労の連続でした。

その中で、ある時、「〝はい、わかりました〟とあのお母さんは言うのですが、いつも約束を破るんです」との先生の発言から仮説を立てました。お母さんの知的な能力が、こちらが想定しているよりずっと低いのではないか、と。以前にもそう思い、先生に尋ねましたが「そんなことはない。よくしゃべるし働いているのだから普通の能力ですよ」とのことでした。

そこで、先生方にわかってもらうには体験していただくしか方法がないと思い、1つの提案をしました。家庭訪問をして、ある書類を届け、先生の前でお母さんに書いていただくというものでした。翌日、学年主任より電話が入りました。「そのとおりだったよ。お母さん、自分の名前書けなかったんだよ」と。

それからすぐに先生方と会い、読み書きにかなりのハンディがありそうなことを前提に、学校からの配布物の渡し方や約束のとり方、確認の仕方を視覚で示すものに変更し、支援を再開しました。すると、お母さんは約束を9割守れるようになり、学校と母親・子どもの関係は格段によくなりました。支援も終盤に差しかかっていた頃の会議で、校長先生がこちらを向いて「安永さん、すまなかったね。僕たちは長い間このお母さんのことを誤解していたんだね。やらないんじゃなくて、できなかったんだね。ありがとう」とおっしゃり、立ち上がって先生方のほうを向き「先生方、年末になりお忙しいことと存じますが、子ども同様、母親にも手厚い支援をお願い致します」と頭を下げられたのです。その場は笑顔に包まれ、先生方は、さらに心のこもったかかわりをしてくださいました。

卒業の日、お母さんから「先生方にこんなにしていただき、本当にありがとうございました」と先生方に深々とお辞儀してお礼をおっしゃられたそうです。

ちょっとした認識のズレと誤解で何年も双方が隔たってしまうことがあること、そして真実を共有したら共に子どものために手を取り合い、理解できること、そこの橋渡しを私たちはできるのだということを経験しました。

⑵ 専門性をどう伝えるか

まだ社会福祉士の資格も取得していなかった頃、「教師経験？　できるの？　何で採用されたの？」と福祉職の方に言われたことがあります。私は「専門性がないのではないか」と大いに自信を失いました。しかしこの「専門性」について、その後、ケースワークや学校支援をしていくに従い、1年目が終わる頃には「専門性がないのではない」と思えるようになりました。思い返してみると、「福祉の専門性」＝「スクールソーシャルワークの専門性」と思っていました。しかし今の私は、「スクールソーシャルワークの専門性は特殊で、輻輳的（多様なものが1つに集まる）なものである」と思い、当時とは考えが変わっています。

いかに福祉の専門性があっても、大事なことを学校に伝えることができなければ支援は滞り、結果として子どもには手が届かないままになるということを何度も目の当たりにしてきました。私は前述したとおり、学校文化としての用語や状態に関する教師の理解の仕方、思考の方向性、教師が大事にしている点などに気を配り、「学校に伝え、理解してもらう」、つまり、支援を展開する入り口を開くことができると感じています。これがわれわれの専門性の大きな1つではないかと自信をもつことができました。ちょうどその頃、スクールカウンセラーの方に、「専門性があってもそれを発揮できなければ何にもならない。まずは学校の先生に自分の話を聴いてもらえる人であることが大事である。それができることがとても大事なんだと思う」と言ってもらえたことがありました。また、上司が、「僕は学校のことをよく知っている人がスクールソーシャルワーカーにふさわしいと思っているんだよ」と励まし続けてくださったことも、この職務への実感につながりました。

(3) 弱音の吐けない人に寄り添う

しかし、「学校のことをよく知っている」ことにはプラス面とマイナス面があります。ほとんどの教師は子どもへの思いをしっかりもっているにもかかわらず、ただそれがいろいろな事情で本人から感じられない事態になっていたり、人間として傷ついていて、素直に支援に気持ちが向かなかったりする時があります。そんな時、私は「子ども思いである」ことを信じて先生と話し込むことがあります。

ある時、「児童相談所や市の虐待対応課、教育委員会、スクールソーシャルワーカーが集まって、みんなで親子に指導してほしい」と強く訴える先生がいました。私は悩んだ末に、時間をもらい、その先生と2人だけで会い、お話を聞きました。最初はいつもどおりの主張で厳しい口調でしたが次第にトーンが落ちてきました。

「私は怖いんですよ……」

「何が？」

「私は不登校の子どもにかかわるのが怖いんです」

「どうしてですか？」

「前任校で、不登校になった子に僕はとても熱心にかかわりました。その甲斐あって、その子は復帰したんです。でも、しばらくして体調を崩してまた来なくなりました。後でわかったのですが、その子は私のために、私の期待に応えるために無理をしたんです。追い詰めたのは私だったんです。それ以降、どうかかわっていいのか、また傷つけるんじゃないかと怖くて働きかけができないんです……」

「そういう恐れや悩みを話せる相手は校内にいますか？」

「……実はいないんです」

自分の、教師としてのポジションや責務を思うと、弱音は吐けないとのことでした。私からは、先生の、子どもを心底思われる優しさに感銘を受けたことと、その子も無理はしたけれども一生の中でそんなに自分を思ってくれた先生がいたことは大人になって大きな自信になるのではないかということ、そして、「この子も救いましょう、先生を一人にはしないですから」と話しました。その後は会議がとても明るい雰囲気に変化し、先生は今まで断っていた先輩教師の同行も受け入れ楽しそうに行動し、最終的には親子と先生が学校でお話しできるまでになりました。

⑷ 子育て経験がないことの引け目

教師としての初任地でのことです。その地域では、若い女性が担任になったのははじめてだっため、それに対して住民から反発の声が挙がりました。「子どももいないのに担任ができるのか」。私は気にはなりましたが「教師は教師として子どもとかかわり、教師としての誠意と愛情を注げばよい」と思うことであまり気にせずにいました。ただ、根底ではちょっとした引け目を感じていました。

スクールソーシャルワーカーになった時、その言葉が脳裏によみがえりました。今は教師ではない。子育てに行き詰まり、手をあげてしまう苦悩をもった母親たちを支援していかなければならない。できるだろうか。また、母親たちは子育てをしたことのない私をどこまで受け入れてくれるだろうか。

しかし、その問いはあっけないほどに無用なものでした。要保護ケースのお母さんたちの中には、子どもを何人も生み育て、ある種の貫禄すらある方も少なくないのですが、その方々から私は一度も「子どもを育ててないからわかるはずがないでしょ」と言われたことはありません。まるで、その発想すらないかのように。

支援のプロセスで、ケースと自分の距離が近づいてくると、あるタイミングでお母さんから「お子さんは？」と聞かれる時がよくあります。いつも決まって、「残念ながらいないんですよ」と笑顔で返すことにしています。その時は「ああ、そうなんだ」と平坦な反応です。「なぜ？」なんて尋ねてくる人はいません。その後は、そんなやりとりなどなかったかのようなかかわりが続きます。

後日、ちょっとした場面でお母さんたちから言葉がもれます。「安永さんは、だからこうやってあんたち子どものことをしてくれるんだよね」「ほら、よかったね、お母さんができたね（実母を知らない孫に、養育者である祖母の言葉）」などと、子どもに明るく声をかける形で登場します。また、養育者として不適だと周囲から思われていると悩んでいるお母さんから、「安永さんは、私を対等に扱ってくれる」と言われたことがありました。私は自分が子どもを生み育てていない分、それをしているというだけで純粋に相手に畏敬の念を抱く気持ちがありました。親として生きることは大変なことだろうとも思っています。

ケースとして出会う母親たちは子育てに苦労しながらも、世間からは「ダメな母親」と見られてしまい、つらさや無念さを抱えています。私自身「マイナス点だ」と思ってきたことが、かえってマイナスだととらえずに、純粋に「人と人」としての評価をしてくれているのだということに気づきました。このことが、教師時代からまとわりついてきた「子どもを育てていないことのマイナス」について、それは、蜃気楼のようなものだったのではないかと思わせてくれました。

3 子どものそばにいること

(1) 援助職として子どもと向き合うには

大人（親）との面談では援助職としての姿勢で臨めるのですが、子どもとの面談やかかわりとなると、無意識に担任をしていた頃の態度やノウハウがまるで憑依するかのようになってしまいます。

「子どもへの態度はこうでなければいけない」と10年間の教師生活が身体に染み込んでいるのだろうか。もちろん、自覚的にその都度修正を試みるのですが、それに換わる他の態度を自分の中に染み込ませていないことを痛感します。

ひらたく言えば、瞬時に子どもより優位な立場にたつポジショニング。それは教師をやっていたからなのか、自分の仕事の仕方がそうだったのか。変えるべき具体的で明確なモデルを内包していないし、曲げたバネが戻ってしまうように、自分の慣れたありように戻ってしまう。子どもと対等に話しているつもりでも、口調や態度がどこかそうではないように感じる。もっと、子どもが感じるままに、学校や世間の目をいったんはずして、純粋に聴けるといいのにと思うこともあります。

もちろん、必死にそれをはずす努力をしながら向き合っていますが、他の福祉機関の方のかかわり方や会話の言葉を聞いていると、自分はまだまだニュートラルなポジションで子どもと話せていないな、と感じてしまいます。これは教師時代の反省というものではなく、新たなチャレンジだと思っています。

(2) 子どもと共にいて、子どもを感じること

しかし、自分に染み付いた教師の頃の態度の中に、自分独自の肯定的なよさはなかっただろうか。遠い昔の教師時代を次のように振り返ってみました。

私は、学級を1つのシステムや場として管理することも大事にはしていましたが、ある程度枠をつくったら「見守ること」「子どもたちに委ねること」も大事にしていました。それは、「子どもの頃は

子どもであることを保障してあげたい」という思いが強かったからです。子どもの特権である自由でのびのびした発想と行動を守りたかった。しかし、それをやるにはこちら側に覚悟が伴います。教師の世界では、見守りすぎて委ねすぎていると「指導力がない」と評価されがちな世界だと思われることがあります。

正直、他の先生方からの目や指摘にはヒヤヒヤしていました。しかし、「保障してあげたい」と決めたらそうしようと覚悟しました。「それによって生じた問題は担任である自分が引き受ける」という覚悟です。覚悟を決めたら不思議なゆったり感に包まれ、「子どもに委ねる」ということがもっと楽にできるようになりました。

もちろん、子どもだけにただ任せて何もしないわけではありません。見守る、委ねる時は、私は「そこにいる」ようにしました。ただ、いて、子どもたちを感じていました。困ったら力になれるように、それまではただそこにいるのです。口を出したくなる時も私なりに我慢していました。合唱コンクールの練習、リレーの練習、発表会など、子どもたちが何かに向かって頑張ろうという時、壁と一体化していてもいいからひっそりとしていました。行事の練習の時は、熱心な子どもとそうでない子どもとの間に軋轢が生まれたり、プレッシャーに耐えられなくなったりする子どもも出てきます。そんな変化をただただひっそりと感じて、日記のコメントにささやかに書き添えました。「今日はよく最後まで頑張ったね。お腹空いたでしょう」といった具合です。子どもは、次の時はこちらをちらっと見て苦笑いをしています。何かに子どもたちで向かおうとしている時、担任ができることといえば、彼らの自由な発想と推進力の土壌である「場の安心」を与えてあげることではないかと思っていました。
今、こうしたことを思い返しています。

(3) 学校で仕事をすること

スクールソーシャルワーカーの中には、前職や自分の援助観をベースにしておられる方も多いと思います。私の場合は、教職経験がそれです。こうしたベースは、今の仕事によい意味でもそうでない意味でも影響をします。その有無が問題なのではなく、どうそれを自分で認識できているか、そしてそれをどう活かせているのか。そのことを考えることから逃げずにいることが大切なのではないかと思います。

私は、いろいろなところでスクールソーシャルワークについて話をさせていただく際に、「S」（SSWのS）がつく意味について触れることにしています。

「スクール」がつくソーシャルワーカーであること。それをわれわれはしっかりと考えていかなければいけないと思っています。スクールという「場で行う」という意味なのか、スクールと「共に」という意味なのか、「スクールをも支援するから」なのか。私にはまだ確信的な答えは出ていないのですが、いずれにせよ、ベースの前職のまま、名前だけ「スクールソーシャルワーカー」であるということはいけないと思っています。自分は何者なのか。まだ、職責の歴史が浅いスクールソーシャルワークの世界だからこそ、われわれ一人ひとりがしっかりと考え抜いていかなければならないのではないかと思っています。

私は採用当初「専門性がない」と思い込み、自信をなくすという状態に陥ったのですが、専門性とは何かを自問自答することで、自分の中でスクールソーシャルワークを定義してきたように思います。そして、経験を積めば積むほど、新たな問いが生まれます。今の私に不足しているものは何か、何が足りすぎているのか。そして足りないところを補うために何を学び、足りすぎているところはそれが支援に悪影響を及ぼしていないかをチェックするようにしています。

一人きりでがむしゃらに頑張ることで身につけられることもありますが、他の自治体のスクールソーシャルワーカーやスーパーバイザーと出会い、自分がもち得なかった視点や最新の理論などに触れることで、いかに自分が狭いところだけで理解できていた気になっていたかを思い知ることができました。

4 まとめにかえて

学校での人々との新たな出会いは、共に切磋琢磨できる環境を自分に与えてくれています。これからのスクールソーシャルワーカーとしての力量形成にとって、先生方や学校からどのような支えが欠かせないのか。子どもたちや保護者や地域の方々からの支えについても同様です。

スクールソーシャルワーカーが自身の力量を高め、支援や援助の質を維持していくことは、子どもたちのよりよい明日につながることだと思います。「困ったなあ、どうしたらあの子を助けてあげられるだろうか」。先生方の子どもを思うがゆえの悩みが、子どもたちを救う小さくても重要な入り口だと考えます。

そんな時に、スクールソーシャルワーカーを支援の伴走者として思い出していただきたいと思います。そして、「スクール」という言葉がつくソーシャルワーカー。「学校」というワードを内包する職種として、先生方と共に成長していく存在として認識していただけたらと思います。

今、スクールソーシャルワーカーの仕事と向き合って

前田みどり・スクールソーシャルワーカー（静岡県）

1 「教師になりたい」という私の思い出

(1) 小・中学校時代

今、スクールソーシャルワーカーの仕事にめぐり合って5年が過ぎようとしています。ここに至るまでを振り返ってみると、小学生の頃から何となく「先生になりたい」と思っていて普通高校へ進学し、より具体的に進路を決めていこうとしていた時、中学校の恩師の先生から「特殊教育（当時はそう呼ばれていました）を勉強してはどうかなあ。あなたに合っていると思うよ」というアドバイスをいただきました。

そこで、「できるかどうかわからないけれど、まずやってみよう。やってみて自分に合っていないないと感じたら、やめればいい」という軽い気持ちで、養護学校教諭の資格の取れる大学を探し、社会福祉系の大学へ進学しました。

私が通っていた小学校には、特殊学級（当時はそう呼ばれていました）それ自体がなく、中学生になって新しい校舎ができ上がった2年生の2学期から特殊学級の生徒さんと同じ校舎で一緒に学校生活を送るようになっただけでした。

ほとんど交流もなく、大人しいけど、何か寡黙な感じのする子が多いと思っていたくらいの印象しか残っていませんでした。

(2) 大学生時代

社会福祉系の大学に進学しましたが、障害児関係のサークルやボランティア活動をしていたわけではありませんでした。同級生の中に何人か障害をもった人はいましたが、周りの人たちが自然に手伝っていたので、私も時に手伝うくらいの関係でした。大学の雰囲気から、何らかの障害をもっている方に対して、特に意識することもなく、困っているようであれば手助けするくらいの気持ちが自然と身についたのかもしれません。

子どもにかかわることとしては、アルバイトで塾の講師と高校受験に向けて低学力の中学生の家庭教師をして少人数、個別の学習指導にかかわっていました。

また、中学生から大学卒業まで、毎年夏に地元の小学生を対象としたキャンプのリーダーをしていました。10年近くキャンプリーダーをやってこられたのは、子どもにかかわることが好きだったのだと思います。

2 「養護学校義務化」の頃に

(1) 新卒・初任者の頃

大学を卒業する頃には養護学校の教員になり〈1979〈昭和54〉年養護学校義務化〉、いつかは地元の特殊学級の担任になりたいと思うようになっていました。

しかし、現実は、初任から母校の特殊学級の担任として採用されることになりました。その年から生徒数が増え、2人担任になったため、私が採用されることになりました。社会科の教育実習で母校に行っていた時、特殊学級の見学や担任の先生のお話を伺ったりしていたのが採用につながったようです。

今考えると、学校という組織がどんなものかもわからない大学を出たての新採にとって、特殊学級の担任は荷が重かったのかもしれません。何かあるたびに異端者のような感覚や、学級の子どもも私も全校の流れに乗れず浮いてしまう感覚をよく感じていました。それでも、特殊学級の子どもたちや私に声をかけてくださる先生方もいらっしゃったので、あまり孤立することはありませんでした。初任者やはじめての人をいたわる風土が学校にあることが大切だと思います。

当時、全国的に校内暴力の嵐が吹き荒れていましたが、勤務校も同様に校内暴力の嵐に飲み込まれていきました。生徒理解、カウンセリングマインドが叫ばれ校内暴力が収まってくると、今度は「いじめ」「不登校」へと問題行動が変化していきました。当時、テレビで金八先生が流行り卒業式で主題歌が多く歌われるようになっていった時代でした。生徒の問題行動に全力でぶつかっていくのが情熱のある教師であるように描かれ、不登校の生徒に登校を促すため、毎朝、出勤前に家庭訪問して一緒に登校したりしていました。不登校の背景に何があるかなど、じっくり考えることもなかった気がします。登校できればよいと思って、若さとパワーで突き進んでいた気がします。

特殊教育の分野では、知的だけではなく情緒障害も増え、通常学級在籍者の自閉症、学習障害に光が当たるようになって様々な対応が求められるようになってきた時期だったように思います。

(2) 「ことばの教室」の担任として

個人的には、結婚、出産を経て子育てへと変化が生まれていましたが、職場は新採から異動することなく9年が過ぎていました。はじめての異動が「ことばの教室」で、個別指導が中心になってきました。当時、通級指導の設置基準に在籍者が必要で、個別の指導計画作成以上に在籍関係の書類作成に神経を使っていた時期もありました。

幼児担当と学齢担当の2人体制で運営されていて、学齢児は学校の授業が終わってから通級していたので、指導できる人数が限られていて午前中はほとんど指導することがありませんでした。そのため、1年生の書写の時間を担当して、1年生の学級での様子や気になる児童の観察をしていました。

落ち着きのない子どもたちが少しずつ出はじめていた時期で、複数の目で子どもたちを観察して「どうしてなのか」を考えていました。発音や吃音の問題というより言葉の発達に問題を感じさせられる子どもたちも多く、そして母子関係が言葉の発達に大きな影響与えているのを感じました。

子育て真最中の私にとって、ことばの教室での経験はとても貴重なものでした。ある意味で退職するきっかけであり、現在、スクールソーシャルワーカーとして働いているきっかけにつながるものでした。

ことばの教室では、子どもの成育歴、親子関係、家庭環境など、子どもを取り巻く環境について聞き取りをし、問題を探し出し、指導に役立てるという流れと、子どもの観察を大事にしていました。スクールソーシャルワーカーになってケース会議を開く時、アセスメント、プランニングが大切ですが、ことばの教室を担当していた時にこの流れを実践していたのだと思います。そして、子どもの成長に母子関係がとても大切であることに気づかせてもらったのもことばの教室での経験によるものだったと思います。

ことばの教室の担当として、小学生の指導をしていましたが、単純に言葉の問題というより、情緒面であったり、環境であったりと複雑な問題を抱えている子どももいて、個別指導の大変さを感じていました。大変ではあるけれど、個別指導の楽しさを感じられるようになってきた時に、諸事情からことばの教室の担当をはずれなければならなくなりました。今までの少人数、個別指導から40人学級の担任をすることになりました。学級の中での個への対応がとても重要となる学級でした。けんかが絶えず、ゆっくり原因を聞いていると授業がすすまず事務処理もできず、毎日残業が続き、時には帰宅後も子どもを探しに出かけることもあり、本当に仕事中心の生活が続きました。それでも、バラバラだった学級も学期がすすむにつれ少しずつまとまりを見せてくれていました。一つひとつの問題にじっくり取り組み、原因を探し、解決していくことを繰り返し行った結果だったと思います。

3 我が子の子育ての中で

通常学級の担任をすることになりましたが、講師時代に数カ月経験しただけの通常学級の担任を、10年以上特殊教育に携わり、少数で個別指導しか経験していない私が担当することになったのです。自分自身も子育て真最中であったにもかかわらず、自分の子どものことより仕事のほうに重きを置いていたように思います。実際、自分の子どもたちがいろいろな問題行動を起こしはじめていました。そうなってやっと「何で？」「どうして？」と考えられるようになってきていました。この子たちにとって母は私一人。子育ての時間は「今」しかない。自分の子どもを守ってやれるのは私しかいないと思うようにもなってきました。いくら自分のクラスの子どもたちのことを一生懸命やっていても、「自分の子どものことを同じように一生懸命見てくれるわけはない」と感じてしまい、突然、退職することを決めてしまいました。

当時、自分のクラスの子どもたちの様々な問題と、自分の子どもの問題が重なり、誰かに相談する心の余裕もなく「だめだ」という思いばかりが強くなって、聞く耳を持たない状態だったと思います。自分だけの世界で自分だけが頑張って突き進んでいた生き方を、立ち止まって振り返る時間をもつことになりました。

退職した当時、わが子の学校のＰＴＡの役員をやらなければならず、会合に参加していた時に、あるお母さんから「ＰＴＡの役員をやるために先生を辞めたのですか？」という言葉を投げかけられとてもショックを受けました。子どもたちの同級生の保護者の方には、助けられ、支えられたこともあったのですが、中には面白半分に思えるような言葉がけをしてくる方もいて〝言葉〟のもついろいろな力を感じました。相談業務をしていく上で〝言葉〟は重要なツールの1つであるのですが、その言葉で慰められ、助けられ、支えられたりする半面、悩み、悲しみ、傷つけられたりするものであることを痛感した時期でもありました。

子どもたちの同級生のお母さん方には、私自身の同級生も多く、お母さん方の話の中で「学校の先生の子が悪いとか、お母さんに問題がある」というような話題が出ることがあり、その場にいた私の同級生が「ちゃんと事実を確かめて話しているのかしら？　そんなお母さんじゃないと思うけどね」と噂の拡大を止めてくれたこともありました。

また、市民が無料入園できる施設にお茶を飲みに行きませんかと誘ってくれた方もいました。何も言わず、ただそばにいて楽しい時間を共に過ごしてくれただけですが、とっても気持ちが楽になりました。

4　社会福祉士資格の取得に向けて

その後、1年間の専業主婦の生活を経て、講師として小規模校小学校で担任を2年ほどして、講師の仕事が空いた時、社会福祉士の資格を取ろうと準備をすすめました。社会福祉系の大学を卒業していますが、社会福祉士は、１９８７（昭和62）年に制定された「社会福祉士及び介護福祉士法」で位置づけされた社会福祉業務に携わる人の国家資格で、私が大学を卒業した頃にはない資格でした。教員をしていましたが、新しい資格ができたことを知って新聞の切り抜きを取ってありました。退職して荷物の整理をしていてその切り抜きを見つけ、新たに社会福祉士資格について興味がわいてきました。社会福祉系の大学を出ているのだから、社会福祉士の資格を取ってみようと再び勉強をはじめることにしました。

まず、相談援助業務を経験するために医療療養型病院の相談員として就職しました。はじめての病院勤務でわからないことだらけの上に、介護保険制度がはじまったばかりで混乱状態でした。医療と介護、２つの未知なる世界に飛び込み必死に知識の吸収をしていました。ここでもまた仕事中心の生活が始まっていました。病院での10数年の勤務で、医療、介護、福祉だけでなく学校では体験できない地域での生活をいろいろ経験できた気がします。子どもたちのバスケットや野球の父母会活動を通して保護者の輪の広がりが感じられました。練習や試合の度に子どもたちの送迎の車の提供や手配をしなければならず、多くの保護者の方と協力し合ったことが思い出されます。

そして、社会福祉士の資格を取ったことで社会福祉士のネットワークづくりができました。社会福祉士が働いている職場は福祉分野だけでも社会福祉協議会、地域包括支援センター介護老人保健施設、特別養護老人施設、障害者施設、養護施設、授産施設と多くの分野で勤務しています。医療分野でも社会福祉士のいる病院が増えています。急性期病院、リハビリ病院、療養型病院には多く勤務しています。このように社会福祉士は高齢者、障害者、子どもといった広い分野で活動しているので、困った時につながることができ、相談に乗ってもらうことができました。

スクールソーシャルワーカーになるにあたっても、先輩・社会福祉士の方から「市の費用負担でスクールソーシャルワーカーを採用したいけれど、誰かやってくれる人がいないかなあ」という問い合わせがあり、仕事内容を聞いて直感的に「私しかいないのではないかなあ?」と思ってしまいました。

5 スクールソーシャルワーカーへのまなざし

(1) 元同僚とのつながり

現在、スクールソーシャルワーカーになって5年が経ちますが、勤務地が地元ではなかったので、〝つながり〟がほとんどない状態でわからないことだらけでした。そんな中でつながりを感じたのは、教員時代の同僚たちでした。退職して15年近く経っていたのですが、とても心強く感じました。知らない人ばかりというのは、とても不安になります。その中に一人でも知り合いがいるというのは安心感が生まれてきます。新しく知り合った先生方も転勤で学校が変わるので、つながりの輪は広がっていき、年々不安は薄らいでいきました。

問題を抱えた子どもたちの様子を観察するために、授業の様子だけではなく、休み時間、給食の時間、いろいろな活動や行事を通して、子どもたちの言葉、態度、表情、人とのやりとりなどに注意を払いました。保護者とは、授業参観日、学校行事など保護者が学校に来る時を利用して面談を設定してもらったりしました。先生方とは、空き時間や放課後を利用して、子どものよいところ、気づいたことを伝えるように心がけました。

学校にスクールソーシャルワーカーが配置され、先生方が一番気になったことは「スクールソーシャルワーカーって何をしてくれる人なのだろう」ということだったのではないかと思います。困っている子どもや親に対して、何かしてくれる人を求め、ケース会議やアセスメントシート作成など仕事が増えるのは望まなかったのだと思います。校内で問題行動を起こしている子どもへの対応はしてもらいたいが、不登校でひきこもりのようになっている子どもは、できればそっとしておいてもらいたいと思っていたのではないでしょうか。

しかし、スクールソーシャルワーカーが勤務していることで、アセスメントシートを活用してバラバラにもっていた情報が共有できるようになり、子ども理解がしやすくなったと感じてもらえるようになってきているのではないかと思います。

(2) 第三者の言葉——間に入ることの大切さ

また、学校と保護者の関係がうまくいっていない場合は、保護者にとって利害関係のないスクールソーシャルワーカーが介入することで、八方塞がり的な状態を改善できる可能性が感じられることもあったのではないかと思います。今まで言い続けてきたこと、言えなかったことを吐き出すことで気持ちが落ち着いて、第三者の言葉を聞く気持ちが生まれたことで1歩前へすすめるようになり、現状を変えるための対応ができるようになったケースもありました。不登校になり、ひきこもり状態になっていて、母親は学校に対して批判的な言動を繰り返し、安否確認も十分にできていない状態の家庭に対して、スクールソーシャルワーカーと母親がやっとつながることができ、まずは母親の胸の中に詰まっている不満を受け止め、次に先にすすめるための提案ができるようになったことがありました。ただ、ひきこもり状態が改善され、周囲とつながることができ、その後どうなっていったかまではスクールソーシャルワーカーにはわからないというジレンマを感じることもありました。特に、中学校を卒業してしまうと、なかなかその後の情報が入ってこないのが悩みでもあります。

しかし、スクールソーシャルワーカーが子どもたちにかかわることで福祉につながり、今後、就労に向けて見守っていくことができ、困った時に福祉につながっていける可能性も生まれてくると思います。このことは、子どもだけでなく家族支援にもつながっていく可能性があると思います。学校にスクールソーシャルワーカーが勤務するようになって、やっと10年になったばかりの分野です。これから、活動にもっと広がりを見せていけると思います。

(3) 子どもの変化が見えること

スクールソーシャルワーカーになって、長いところで5年、短いところで2年が経ちます。アセスメントシートを作成し、ケース会議を開催して関係者が情報を共有し、同じ方向を向いて働きかけを分担し、問題解決に向けて働きかけていくことで変化が見られると、先生方にスクールソーシャルワーカーへ相談してよかったという感情が生まれたのではないでしょうか？　自分一人で悩んでいてもなかなか前へ進めなかったのが、相談することで気持ちが楽になったり、心の余裕が生まれたりしたのではないかと思います。

学校訪問の度に、先生たちから子どもたちの変化について話があり、気になる子について様子を見てほしいとの依頼がくるようになりました。スクールソーシャルワーカーが定期的に各学校を訪問することで、スクールソーシャルワーカーの存在が定着し、来訪時に聞いてほしいこと、見てほしいことなどが伝えられるようになってきました。信頼関係が生まれたことで、スクールソーシャルワーカーの活動も拡がったのだと思います。定期的に訪問し、気軽に声をかけられる関係をつくっていくことでスクールソーシャルワーカーの存在が定着してくるのではないかと思います。

6 おわりに

私もようやくソーシャルワークの対人援助技術を生かしてつなげていくことを大切にしながら、子ども、保護者、先生方につながっていくことの大切さを伝えていく喜びを感じられるようになってきた気がします。悩んでいるのは自分だけではなく、悩んでいる人はたくさんいるし、悩みながら成長しているし、子どもたち、保護者、先生方の笑顔が増えていくことがスクールソーシャルワーカーを続けている力になっているのだと思います。

地域で子どもの健康を考える

井戸川あけみ・スクールソーシャルワーカー（福島県）

1　スクールソーシャルワーカーにたどり着くまで

「おぎゃー」と産声をあげた瞬間から、一人の子どもの人生がはじまります。乳幼児期から学童期、思春期、青年期、成人期、壮年期、老年期と続き人生の終末を迎えます。私の職歴を振り返ってみると、これまで全ての段階に少なからずかかわってきました。これまで医療職（助産師）からはじまり、教育職（養護教諭）、そして今日、福祉職（スクールソーシャルワーカー）としての職に就いて4年が過ぎようとしています。

これらの職業は、一見違った領域であるかのように見えますが、人の成長段階から見ると全ての年齢層に関係している職業であったことに気づかされます。スクールソーシャルワーカーという職業を通して、さらにそのつながりの深さを認識することができたと思います。

助産師、養護教諭、スクールソーシャルワーカーも、子どもの誕生からその後の人生の場面で専門職としてかかわり、「人の一生にかかわる援助」ができる職種として共通していることを実感しています。

2 助産師としての3年間

医療現場で助産師として働き、210人の子どもの誕生をこの手で体感してきました。助産師は、子どもの出生までは母親の妊娠期をサポートし、出産の場においては、子どもと母親をより健全な状態で保てるよう細心の注意を払いながら、分娩介助者として臨みます。

その後、産褥期から退院までの間は、子どもと母親が家庭に戻ってから困らないよう必要最小限の知識や生活についての指導も行います。出生に携わる中で、子どもの出生が母体側にも胎児側にも全て順調にかつ安全に運ぶわけではありません。母親の生活環境や生活習慣による要因や出生を契機に生じる障害などによって、子どもの生命の危機や成育が左右され、その後の発達に影響してくることがあるのです。

低体重児や仮死出生、身体異常の子どもの誕生に幾度となく立ち合う中で、妊娠中の母親に不安や心配があったり、病弱だったり、望まない妊娠だったり、家庭不和や経済的困窮など母児を取り巻く環境が影響を及ぼしていることを目の当たりにしてきたのです。

病院では、診療計画や看護計画を立てるために、問診が行われます。身体にかかわる情報は必然的に必要な項目ですが、患者の背景を把握することも必要な時があり、詳細に聞くこともあります。出産の場合、入院から退院までの日数は少なく、何らかの異常があった場合に備えて退院後の指導も含めて行わなければならないからです。

「出生時体重が750gで生まれ、体重が増加するまで保育器で過ごし退院した子は、その後はどのように成長しただろうか」「仮死状態で生まれた子どもの発育は順調だろうか」「黄疸が強く出ていた子どもに障害は出なかっただろうか」「四肢欠損の子どものその後の成長は順調だろうか」「出生時の血液検査で異常が出た子どもの家族はどうしているだろうか」など、危機的状況にあった子どもたちの様子が気になりつつも、その後の成長を見守ることができなかったことが、心のどこかに引っかかったままになっていたのです。

病院勤務では、退院後の経過をフォローすることはなく、子どもの今後がどのように変わっていくか見届けたいと思っても容易にできる立場にはありません。受診時と入院から退院まで、限られた期間のかかわりになるのです。

家庭に戻ってからは、病院と保健センターとの連携を密に行っているところは少ないため、地域の保健センターでの健康診査などに委ねることになります。

病院は、病気の診断、治療、検査、健康相談、予防活動などを行うところであり、個人に特化したケアとなるため、医療機関の間での地域連携はあるものの、特化したケースについては、ケースワーカーが関与するだけで退院後の情報はほとんど入ってこないのが現状です。

私が養護教諭に転職した理由の1つとして、助産師として気がかりだったことを確認することができるとの思いもあったからなのでした。

3 養護教諭になって

(1) 養護教諭の専門性と求められる役割

助産師から養護教諭の職に就いて、教育の場に身をおいてみると、助産師とは別の魅力も感じました。養護教諭は保健室という場を通して、毎日身近に子どもの発育の様子をとらえることができ、子どもの健康面に直接かかわることができます。常に成長している子どもの姿を段階的に追うことで、振り返りを行い、どのように子ども支援ができるか手がかりをつかむのです。

養護教諭は、専門的立場から全ての児童生徒の保健および環境衛生の実態を的確に把握し、疾病や情緒障害、体力、栄養に関する問題等、心身の健康に問題をもつ児童生徒の指導にあたり、また、健康な児童生徒についても健康の増進に関する指導のみならず、一般教員の行う日常の教育活動にも積極的に協力する役割があります。

子どもは、自分の体に異変を感じた時、学校では「保健室に行けばどうにかなる。どうにかしてほしい」という思いから保健室を訪れます。痛みを伴う身体面ばかりでなく、つらさや不安、動揺など心理的な面も合わせて身体的課題となってあらわれるため、自分ではどうすることもできずにSOSを様々なサインで表してくるのです。

養護教諭は、保健室を訪れる子どもの言葉や表情、一般状態から、身体的不調の背景に身体の異常だけではなく、心の健康問題がかかわっていることなどのサインにいち早く気づくことのできる立場にあることから、教育的ニーズへの接近を試みつつ、子どもの言葉や訴えに耳を傾け、その解決を子どもと共に紐といていく援助を行います。

7年前に起きた東日本大震災は、時間が経過しても記憶に新しく残っている人も多いと思います。この時、私は養護教諭として中学校に勤務しており、この大災害に遭遇しています。

被災によって県内外に避難した子どもたちが多くいる中、被災地に残り生活することを余儀なくされた子どもたちもいます。特に、津波被害によって引き起こされた原子力発電所の二次災害の事故も含め、沿岸部で被災した人々は、予想もつかないほどの環境の激変に見舞われたのです。その環境因子による問題への働きかけも新たな役割として浮上してきています。

(2) 養護診断につながる情報とその活用

学校の中で医学的、看護学的な基礎知識をもち、教育職員として日常的に子どもの様子を把握している養護教諭は、健康管理にあたるだけでなく専門的な視点からの心身の健康へも積極的にかかわります。子どもの異変に対応する上で、学校での保健調査や問診票、家庭環境調査、学習状況等を把握しておくことは、必要不可欠な要素となります。そのため、子どものあらゆる情報の把握には日常的な観察も含めて情報収集に心がけ、活用できるよう準備をしておく必要があるのです。場合によって保健室から、子どもの状況などの情報提供を求められることもあるからです。

保健室の子どもへのかかわりは、観察からはじまり、問診、養護検診、養護診断（見立て）を行います。見立てによって教育的措置（学習は継続できるか、学習を制限する必要があるか、学習を一時中断するか、学習を全面的に中止するか、など）や医学的措置（教室に帰り普通生活、教室で要観察、保健室で要観察、要医療：家庭に帰す、など）、必要に応じて養護処置や指導を行います。

来室する子どもとのかかわりの中で最も重要視することは、来室してから処置・対応に至る過程で、「目の前にしている子どもの現症状を看る」ことです。現症状をとらえながら、何に起因するものか、来室した子どもの背景と照らし合わせながら対応することが大切です。子どもの訴えの中に、子ども自身の課題、家庭内での問題、こころの健康課題をもち、ＳＯＳを発信しているからです。子どもから得る情報と子どもを取り巻く環境の情報は、子どもの状態をより詳しく知ることができるための養護診断の手がかりとして活用するのです。

特に東日本大震災後の子どもの背景は著しく変化し、それぞれの子どものニーズに沿ったケアをするには、情報収集はより欠かせないものとなっています。影響を及ぼす要因をいち早く見つけ出し、子どもが出すＳＯＳに気づき、支援につなげることが必要となります。

保健情報やそれらに付随する関連情報をもっているとはいえ、養護教諭が全ての情報を把握しているわけではありません。学級担任や事務職員、栄養士、給食調理員、用務員など校内で従事している職員からも思いもよらぬ情報を得ることがあります。職員間の風通しのよさが好機を生み、新たな情報源となるのです。また、校内だけでなく外部からの情報を得ることもあります。それは、保健センターの保健師からです。予防接種関係や行政の施策に学校が協力を求められることなどがあると、そのつながりから子どもの新たな情報が提供されるのです。

⑶ 養護教諭と関係職員との協働

子どもは、地域で育ち地域によって擁護されています。医療現場や教育現場は、そこでは限られた人々だけの関係性しかなく、そこから放たれれば子どもは地域に戻っていきます。学校は、その通過点にあるのです。

学校内では、教師は授業を通して集団へ働きかけながら、その中で個の状況を把握します。個の変化や状態を日常と比較しながら発見することができます。養護教諭は、保健室で個への働きかけを通して個の状況を把握します。来室理由（身体面や心理的状況）、疾病の治療状況、家庭の経済的状況や家庭内状況など、訴えや観察、問診などから問題を発見していくのです。教師と養護教諭では、立場によって情報量や見方、とらえ方も違ってきますし、子どもとのかかわりにも差が見られます。子どもの課題解決に向けて、それぞれの立場で情報の共有や支援方法を協議することが必要です。教師が学級集団への働きかけをすることで環境調整や友人間の調整などができ、問題解決につながることもあります。また、保健室での支援を必要とする場合などは教師からの依頼や協力要請があると保健室の子ども対応が位置づけられ、動きやすくなるのです。

連携することの大切さに必要性を感じ、養護教諭としてこれまで心がけてきたことは、管理職、担任、学年主任、関係職員への報告や連携がスムースにいくように日頃の関係性を大事にすることです。校内では、校長や教頭、事務職員と並び一人職であるため、養護教諭の職務がどのようなことか理解されずにいることが多々あります。校務分掌によっては、保健分野だけではなく、給食関連の仕事もします。保健室登校や養護しなければならない子どもの増加に伴い、養護教諭の仕事も多忙化の一途を辿っているのが現状です。とは言え、子どもへの対応には、最善を尽くすことを疎かにはできません。職務を遂行するためには、職務内容を理解してもらうことと同時に、校内での協力体制や役割が明確になっていないと養護教諭の独り相撲となってしまい、誤解を招くことにもなりかねません。誰に、どのように、どうしてもらいたいか、依頼できる関係と校内組織を活用できるよう関係性の構築に向けて、保健室からの情報発信には心を砕いてきました。保健室経営は、校内での協力なしには成り立たないからです。

日々、様々な問題が学校では発生しています。教室内、部活動、放課後、あらゆる場面で起きています。しかし、それらのほとんどは校内で対応する傾向が強く、担任だけ、学年だけ、生徒指導委員会だけで問題解決しようとするところもあります。問題によっては後手にまわり大事に発展するケースもあります。保健室から問題発見の情報を伝えても、そこで留まってしまったこともありました。問題解決に至らず保健室からの見守りで終わったケースもありました。学級での問題や先生の指導によって困難や問題が発生した場合、とらえ方によって誤解が生じたり、ややもすると担任批判と受け取られたりする場合もあり、課題解決のための介入に困難を感じたこともありました。保健室に来る子どもの状況をきちんと把握し、誰に、何を、どう伝えることが必要かを常に考えさせられていたように思います。

情報の提供や協力という点で、校内では仲介役のような立場に置かれることもあり、一人だけでなく、必要と思われる関係者に伝えることも必要でした。連絡系統は決まってはいるものの、学校内部で即時性が求められるケースでは、担任が授業中、部活動中、出張中だったりするとなかなか連絡をとることができずに困ることもあります。教育課程や時間割、行事などを把握しておかないと報告や連絡がとれないことも生じてしまいます。奔走しながら校内を探し回らなければならないことも一度や二度ではありませんでした。そのため、報告の連絡網を複数もたないと、解決につながらず困惑します。その影響を被るのは他ならぬ子どもであるため、適切な対応が求められるのです。

4　4年目のスクールソーシャルワーカー

(1) 養護教諭からスクールソーシャルワーカーへの転換

養護教諭として何ができただろうかと、今でも脳裏から離れない子どもたちがいます。児童相談所から施設送致になり、養護施設で生活を送ることになった子どもたち。明るく屈託のない笑顔、人懐こさ、素直で頑張り屋という印象に残る子どもでした。時折、保健室に顔を出し、家のことや学級のこと、友達のことなどを話しに来ていました。

その子どもたちから笑顔が消えたのです。父子家庭で育った2人の男の子たちに、父親は交際相手を紹介しました。新しい母親になる人だと思って心を許し、一緒に出かけたことや食事に行ったこと、食事をつくってもらったことなどをうれしそうに話していました。しかし、定職がなかった父親の仕事が行き詰まった時、交際相手はその家族から離れていきました。父親は、子どもたちを祖父に預け後を追うように家を出てしまいました。その後、子どもの親権は祖父に移され、祖父のもとから通学するようになりました。祖父は年金生活で収入もないことから生活保護を受け、2人の孫を養育しました。その後、父親は生活保護費の支給日になると、役所を訪れ祖父からそのお金さえも搾取していくようになります。年老いた祖父が病気になり、孫の面倒がみられないと親権を放棄しました。役所から児童相談所に連絡があり、子どもたちは、児童相談所に一時保護となりました。その後、父親が養育を拒否したため施設送致となったのです。学校に児童相談所から連絡が入り、校長が施設を訪れた時、「何しに来た。帰れ！」と罵声を発し、憎悪をむき出しにした目で睨みつけられたとその様子を話していました。

校長から子どもの様子を聞いた時、子どもたちは、周りから見捨てられたという思いや悲壮感、心細さ、理不尽さ、大人への不信感などをどれだけ抱いただろうか、どれほどのつらさを体験したのだろうかと思うと、為す術がなかったことへのもどかしさが悔やまれてなりませんでした。子どもを救える手立てはなかっただろうか、保健室で見守るだけしかできなかったのだろうか、との思いは消えることはありません。あの時、学校にスクールソーシャルワーカーの存在があったとしたら、子どもたちにもっと違う選択肢があったかもしれないと思い返すのです。

⑵ 東日本大震災の被災地で

2014年4月から東日本大震災後の被災地でスクールソーシャルワーカーとしての1歩を歩みはじめました。

これまでの養護教諭の経験から学校内の機能や組織を理解できていたため、職員間との連携を比較的容易にとることができたのは幸いなことでした。校内だけで対応できる課題かどうかの見極め、外部機関と連携する必要があるかどうかの判断のスクリーニングも、難なく行うことができたのです。校内の組織や校務分掌、行事、教育課程も含め、教育目標として学校が目指していることを知ることで、どう動けばよいか確認することができました。

スクールソーシャルワーカーとして始動し、関係機関とかかわりをもつ中で、よく耳にするのは、「学校の情報がまったくわからない」ということです。子どもが学校生活を送っている間は地域とのかかわりは少ないため、かけ離れた場として認識されているようなのです。地域との接点が少ないこともあり、学校に入る情報も少ないことから、学校内だけで子どもへの関与がなされることも多くあります。子どもの問題は、単発的なものや単純なものもあり、容易に解決できるケースも少なくありません。しかし、それぞれが異なった背景をもっている子ども集団の中で露わになってくる問題は、様々な要因が絡み合い、複雑で、既に校内だけでは対応しきれないことも生じてきています。特に東日本大震災後の被災地では、地域が崩壊した上、被災によって生活環境が激変した家庭は、親子間、夫婦間の問題、身体的不安、経済的不安などが浮上し、想定外の問題が、子どもの問題としても顕在化してきているのです。

そのような中でスクールソーシャルワーカーは、学校教育の領域で解決できる糸口・手段が見出せないケースや、子どもの問題が家庭要因による背景が根本にあるケースなど、福祉分野の介入が必要なケースにもソーシャルワークを展開しながら介入していくことができます。まさに学校教育にスクールソーシャルワークが必要とされてきている問題が多くなっていることを実感するのです。子どもを取り巻く困難の解決のために、教員とスクールソーシャルワーカーが、「教育」と「福祉」の双方の視点から協働していくことが、今、不可欠であると感じます。

(3) 養護教諭とスクールソーシャルワーカーとの相違点・類似性から見えたこと

子どもを第一に考え、子どもを個人としてとらえること。子どもの権利やニーズがあることを理解し、子どもの背景となる情報を基に環境の因子に働きかけながら援助していくという点を考えると、スクールソーシャルワーカーの仕事も、養護教諭の仕事も類似している面があります。

養護教諭とスクールソーシャルワーカーとの大きな違いがあるとすれば、問題解決へのかかわり方です。養護教諭の援助は、学校内の連携や校内組織のみにとどまることが多くありますが、スクールソーシャルワーカーの援助は、学校内の連携だけにとどまらず、社会福祉的視点に立ち、資源の活用を図ります。外部機関とつながりをもち、他の専門職と連携・協働しながら最善の方策を目指すため、問題解決のためのケースマネジメントを提案し、学校、家庭、関係機関などと連携して援助にあたります。

スクールソーシャルワーカーにとって、校内の情報収集はかなり大変です。学級担任が得ている情報を収集する場合、時間がない、接点が見出せないなど困難もあります。その場合は、休み時間などの短時間での聞き取りや最小限の情報を書いてもらうなど、管理職を通じて情報を得ることもあります。

養護教諭が把握している子どもに関する情報は、保健分野だけでも、身体的情報や家庭環境情報など、個人、家族と合わせるとその情報量は数知れません。それらは個人にアプローチする時に役立つことが多く、特に養護教諭から得る情報はかなりの重要性をもっています。養護教諭は、表面化している課題にだけ目を向けるのではなく、人間関係をとらえた関係性や心理面、成育歴などの情報から心の健康を身体症状と合わせてとらえ、それらをベースに課題を早期発見することで子どもへの対応をしているからです。それらは担任や管理職に報告されていることも多いため、課題解決を担っていることも少なくないのです。

学校では、スクールソーシャルワーカーのコーディネーターとして教頭が携わっていることが少なくありませんが、**養護教諭との情報交換の時間をとることは大切**だと思っています。

スクールソーシャルワーカーは、単独行動は行いません。組織を最大限に活用するため、校内での報告、連絡をする際に気をつけていることは、誰に、どのように報告するかという時のキーパーソンです。子どもとの関係から子どもの不利益になるような流し方は行いません。たとえ学級担任であっても報告しない場合もあります。誰が、どのように動いてくれるか見極め、校内での相談も、誰と、いつ、どのようにして、と考えると、時間割や校内の行事など1日のタイムスケジュールによって先生方の動きが変化するため、容易にいかないことがあるからです。それらも把握した上で、校内での人的資源をどう生かしていくか考慮しています。

養護教諭もまた、問題を発見した場合、どう対応すべきかを子どもの立場に立って考え行動しており、スクールソーシャルワーカーと類似した一面をもって対応しているのです。学校では、キーパーソンとして教頭が窓口の場合がほとんどですが、日常的にかかわりをもっている養護教諭の存在は大きく、キーパーソンとしての役割を果たしてくれているのです。

養護教諭をしていた際も、現在も感じていることですが、子どもを取り巻く環境が複雑になる中で、学校教育の目標を達成するためには、教育面だけでは太刀打ちできないケースや貧困などの子どもの課題が山積する現状を見ても、福祉的援助を必要とするケースが増加していると痛感します。教育現場に新たに社会福祉の視点をもつことで、子どもの問題の軽減を図る可能性があると考えます。

5 おわりに

現在、スクールソーシャルワーカーとして活動する中で見えてきたことがあります。

養護教諭の仕事が、そのままスクールソーシャルワーカーとしての活動に活かせる素地をもっていたと言っても過言ではない面が多々あったことも感じています。

学校現場に常勤しているスクールソーシャルワーカーが少ない中、養護教諭がもつ特性を活かしつつ、「子どもの利益を最優先に考える」「子どもの生命を最優先に考える」という視点をもつことができる養護教諭と協働して子ども支援ができることを願っています。

ふくし共育と「教育・福祉」の連携
～スクールソーシャルワーカーへの期待～

前山憲一・社会福祉法人半田市社会福祉協議会（愛知県）

1 社会福祉協議会の取組

(1) ふくし共育の推進

私は、社会福祉法人半田市社会福祉協議会（以下、「半田市社協」と略します）の相談支援部門の統括責任者を拝命しています。半田市社協は、地域包括支援センター・障がい者相談支援センター・日常生活自立支援事業・家計相談支援事業（生活困窮者自立支援法）などの事業を受託し、様々な立場や世代の方々のご相談を承っています。もちろん、子どもにかかわる相談も少なくはありません。

そもそも全国各地にある市区町村社会福祉協議会（以下、「社協」と略します）は、「その市区町村の地域福祉活動を推進する」ことを使命としている民間団体です。社協職員は、この担い手であるコミュニティ・ソーシャルワーカーとして、「誰もが住みやすい地域を創る」ことを推進する役割を求められています。福祉教育は、まさにその根幹をなす事業の1つであり、「子どもたちの福祉の学びの支援」と「住民主体の地域福祉の推進」を目的としています。半田市社協では、福祉教育を〝ふくし共育〟と呼称しています。

(2)「福祉実践教室」の限界

平成22年頃までの半田市社協の福祉教育は、車いすの扱い方や介助方法、目隠しをしての歩行、点字・手話の体験等を通して、障がいがある人や要介護状態にある人を理解することを主眼においた「福祉実践教室」（**写真1**）を開催してきました。この取組は、支援が必要な人や困っている人の立場に立つという上では大きな成果がありました。

その一方で、この伝え方は「助ける側の視点」のみになってしまう傾向があること、「自分は健康でよかった」「障がいのある人は自分ひとりでは生きていけないかわいそうな人」という感想を抱く子どもが少なくなかったことから、「福祉教育が差別や排除の温床になりかねない」という危惧を感じました。

その中で、ある中学校の先生から福祉教

写真1　「福祉実践教室」での車いす体験

育に関する要望をいただきました。「福祉実践教室のような体験型の学習は小学校で行っているので、中学生が〝地域でできることを考えるきっかけづくり〟になる授業にしてほしい」というものでした。この要望をきっかけに、半田市社協の福祉教育は〝ふくし共育〟への転換期を迎えることとなりました。

2 福祉教育から〝ふくし共育〟へ

(1)「ふくし共育」とは

ふくし共育という呼称には、いくつかの思いが込められています。

まず、福祉を「ふくし」とひらがなで表記しているのは、福祉が「支援を必要としている特定の人」を限定しているのではなく、その地域に住む全ての人々を対象としたものであるという考え（**ふ**だんの**く**らしの**し**あわせ）を表現したいからです。

そして「共育」は、子どもと大人が対等の立場であることを前提として、地域の課題を知り、それを解決する上で自分たちは何ができるかを一緒に考え、育み合うことを意味しています。子どもの感性にハッとさせられることは少なくありません。子どもと大人が双方向の立場であることが重要です。

具体的な取組をいくつか紹介します。

1つは、障がいなどを正しく理解してもらうための意見交換会（**写真2**）です。障がいのある方々

写真２　障がいのある方と子どもたちの意見交換

に学校に出向いていただき、子どもたちと直接意見交換することで「障がいがあっても、介護が必要な状態であっても、決して何にもできないわけではないんだよ」「私たちも、みんな（子どもたち）と同じ地域に住む住民です」ということをしっかりと伝える場としています。

もう１つは、自分たちが住むまちの略図を使って「支援が必要な人に私たちは何ができるか」「支援が必要な人が地域のためにできることは何か」などを話し合うグループワーク（**写真３、図１**）です。模造紙いっぱいに描かれた〝私たちのまち〟には、認知症の方や臨月の妊婦、ひきこもりの青年、けがをして車いすでの生活を余儀なくされた主婦など、いろいろな困り事を抱えた人たちが住んでいます。その人たちに対して、子どもたちは何ができるか。反対に支援が必要な人たちだって子どもたちや地域のためにできる役割があるのではないか……。こうしたことを小グループに分かれて話し合います。

写真３　略図を使ってグループワーク

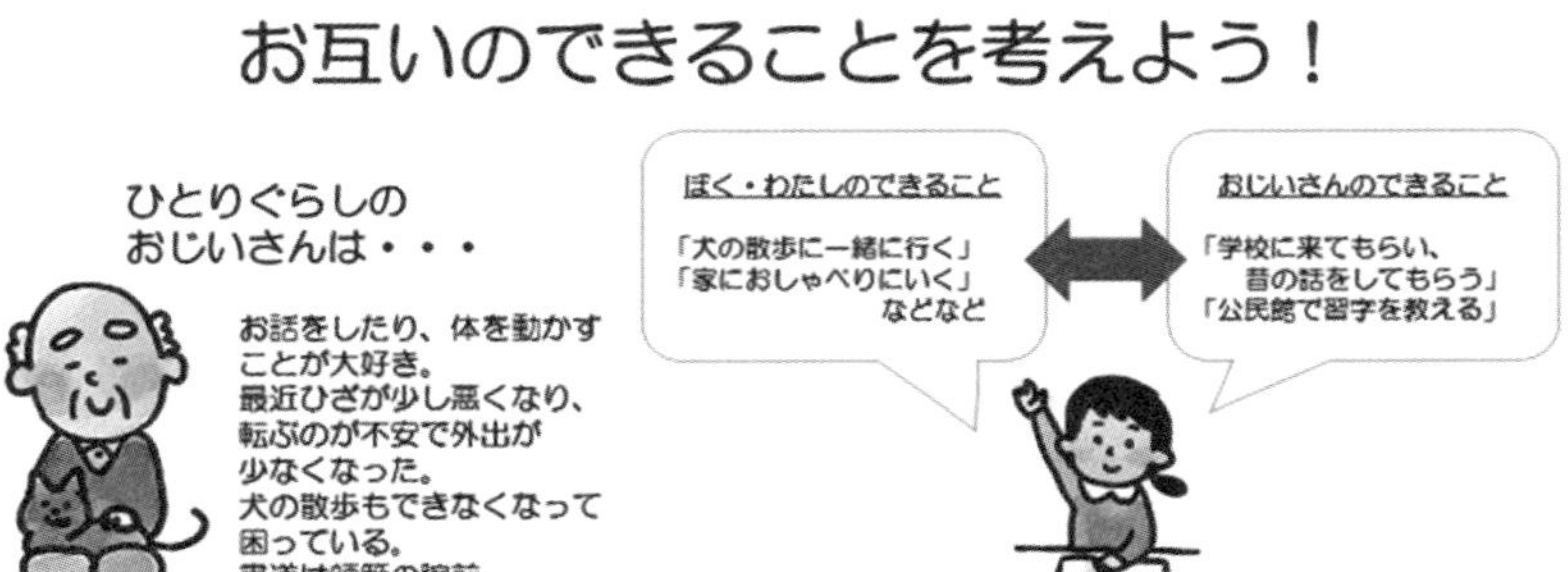

図１　ふくし共育グループワークの１例

⑵ 子どもと一緒に考える

どちらの実践にも教師や地域住民の方々に協力していただき、子どもと一緒に考えてもらいました。そして「支えられるだけの人はいない。そして、支えるだけの人もいない」ことを共に実感することができました。もちろん地域社会を構成する1つである〝学校〟にも、障がいをもつ子どもがいるわけで、健常である児童生徒が普段の学校生活においても「支え合う」という考え方を抱き続けることを期待しています。

こうした考え方の延長線上として、大規模災害時の支え合い（ボランティア活動）にも反映されるのではないか、と手ごたえを感じています。

ふくし共育の一環として、中学校や高校では避難所運営ゲーム（通称：HUG。**写真4、5**）を実施しています。これは、体育館など大規模災害時に避難所となる場所にどんな人たちが避難してくるのか。その人たちが〝支援の必要な人たち〟だった場合、どのような配慮が必要なのか、を考えるカードゲームです。とは言え、かなりリアリティのあるゲーム

写真4　避難所運営ゲーム①

なのでかなりの緊張感があります。何より〝支援の必要な人たち〟はどういった状態なのかを理解するきっかけになります。

防災・減災意識の高まりからか、自治区など主催の避難所訓練などにも積極的に参加する生徒や学生が増えているようです。こうした傾向は大人にも好影響を与えているのではないかと思います（**写真6**）。

写真５　避難所運営ゲーム②

写真６　被災地支援ボランティアと生徒が土嚢づくりを体験

ふくし共育を推進することで、子どもたちがボランティア活動などに関心をもち、それが「特別なことではない」という価値観をもって、日々の暮らしの中で実践できるのではないかと期待します。また、地域課題に気づいた子どもたちを大人が見守り、支えるという形が浸透することで、その地域が「住みよいまち」になっていくのではないでしょうか。これを実現する上で、学校と社協が常日頃から連携できていることが理想だと思います。

3 〝この子〟を救うために

(1) 教育と福祉のネットワークづくり

ふくし共育は、これまでは少し距離を感じていた「教育」と「福祉」が日常的に連携できるきっかけとなったのではないかと思います。そして、教育と福祉がネットワークをつくる必要性は「支援が必要な子ども（とその世帯）を多職種連携によって支えていく」ということだと思います。

昨今、様々な生活問題を抱えた子どもが地域に存在します。その子や世帯が抱えている生活困窮や疾病・障がい等、学校だけでは解決できないことが少なくないのは言うまでもありません。

ある中学校での出来事ですが、ある生徒の非行とその家庭の問題で、学校側は随分苦労をされていました。しかし、このケースにかかわっていたベテラン教師のA先生は「学校の問題は、学校で解決する」と言って、福祉との連携に懐疑的でした。しかし、問題の解決に向けて手詰まり状態であったこと、当該生徒の卒業が近づいていたことから、教育委員会の仲立ちによって、半田市社協が介入させていただくことになりました。

学校と半田市社協は〝この子を救うために〟を共通目標に、ケース会議を何回も重ね、社協職員も家庭訪問を繰り返し、学校側と役割分担をしながら当該生徒とその保護者にアプローチし続けました。その結果、事態は好転し始め、当該生徒は非行の道から脱却することができました。

A先生は「もっと早く〝福祉〟と組めばよかった」と評価してくれました。さらにA先生は「福祉の専門職にはわれわれにはない視点や技術がある。これからは福祉との連携が必須だ」と他校の教師にもその効果を伝達してくれました。

もっとも、A先生のような考え方をしてくれる教師ばかりではないこと、そして「そもそもスクールソーシャルワーカーが学校に配置されていれば、もっと容易に連携できたのではないか」と私たちは感じるようになりました。

(2) スクールソーシャルワーカーは「通訳兼コンシェルジュ」

半田市では現時点（平成29年度）で週1日勤務の非常勤スクールソーシャルワーカーが1名配置されているだけで、スクールソーシャルワークの体制が整備されているとは言えません。しかしながら、その若いスクールソーシャルワーカーは限られた時間の中で縦横無尽に活躍してくれています。

私が一番ありがたく感じているのは、スクールソーシャルワーカーが「学校の中に配置されている福祉専門職である」ということです。先に述べたA先生のような教員が増えつつありますが、まだまだ教育と福祉がスムースに連携できているとは言い切れません。情報の共有はできても「価値観」はその専門性の違いからズレが生じることがあります。このことが悪いわけではありませんが、支援方針がかみ合わない、相手の考え方に否定的になってしまうなど、子どもたちを支援する上で「ボタンのかけ違い」が生じることは好ましくありません。これを防ぐ上で「教育と福祉」の両方の価値観を共有できるスクールソーシャルワーカーの存在意義は大きいと言えます。

つまり私たちコミュニティ・ソーシャルワーカーにとって、スクールソーシャルワーカーは学校との間に立ってくれる「通訳兼コンシェルジュ」のような役割を果たしてくれていると思うのです。

(3) 地域で活躍するスクールソーシャルワーカー

子どもは（もちろん子どもに限りませんが）、「学校での顔」「家庭での顔」だけでない「地域での顔」「自分だけの顔」をもっています。いろいろな角度でかかわることで、問題を抱えた子どもの背景を紐解いたり、解決の糸口を見出すヒントを得たりすることができます。ソーシャルワーカーは、こうした情報を把握し、整理しながら〝その子（その人）〟の理解に努め、必要な支援につなげていきます。これは、私たちコミュニティ・ソーシャルワーカー（社協職員）であってもスクールソーシャルワーカーであっても同じことだと思います。

そして、地域住民は〝その子（その人）〟の「幼い頃の顔」を知っていたり、「親や祖母世代の知人」であったりという「タテ、ヨコ、ナナメの関係」があります。コミュニティ・ソーシャルワーカーやスクールソーシャルワーカーが地域住民と連携することで、この「タテ、ヨコ、ナナメの関係」

を〝その子（その人）〟の支援に活かすことができると思っています。そして、地域住民にスクールソーシャルワーカーの存在とその機能を理解してもらうことで、子どもたちの問題の早期発見や早期解決につながるのでは、と期待しています。

半田市社協では、住民や行政と地域課題等について話し合う『ふくし井戸端会議』を小学校区または中学校区単位で定期的に実施しています。ある学区では「子どもたちが安心して学校生活を送れるように」を

写真７　地域住民向けにその役割を説明する SSW

写真８　SSW の説明を受けて意見を出し合う住民

テーマとし、スクールソーシャルワーカーをゲストスピーカーとして招きました。学校と家庭と地域をつなぐスクールソーシャルワーカーの活動について学んだ住民は、放課後支援や学習支援、居場所づくり、個々の子どもの課題と向き合うことなどを意見交換し、「自分たちが地域でできること」の洗い出しを行うことができました。

半田市の現状では、複数の学校をかけもつ多忙なスクールソーシャルワーカーですが、地域住民・行政・社協などの機関とのネットワークで子どもを支えるという仕組みの第一歩がようやくはじまりました（**写真7、8**）。

4 あらためて「コミュニティ・ソーシャルワーカーとスクールソーシャルワーカーの連携」を考える

スクールソーシャルワーカーは教育現場における福祉専門職ですが、それ故に学校内で孤立してしまうこともあるのではないかと想像します。幸いにも半田市の場合は学校や教育委員会の理解により、若いスクールソーシャルワーカーが孤立せずに頑張ってくれていますが、コミュニティ・ソーシャルワーカーが子どもにまつわる地域の課題をスクールソーシャルワーカーにしっかりとつなぎつつ、スクールソーシャルワーカーをサポートするような体制がとれればと思います。これが仕組みとして確立されていくことで、教職員にも「社協が学校と連携する優位性」を実感してもらえることと思っています。

子どもたちが抱える生活問題が様々な要因によって発生し、複雑化や困難事例化させており、従来の〝縦割り〟での対応では解決できなくなっています。

厚生労働省は部局の垣根を越えて「地域共生社会の推進」の旗振りをはじめました。地域共生社会とは、「制度・分野ごとの『縦割り』や支え手・受け手という関係を超えて、地域住民や地域の多様な主体が『我が事』として参画し、人と人、人と資源が世代や分野を超えて『丸ごと』つながることで、住民一人ひとりの暮らしと生きがい、地域をともに創っていく社会」と定義されています。私たちはこれを〝多職種連携〟と表現することがあります。多職種の〝多〟には、もちろん学校の教職員も含まれています。

子どもたちを地域で健やかに育てていく上でも、この地域共生社会の考え方は合致すると思います。そして子どもが発信する（非言語的なものを含めて）ＳＯＳを、学校や地域がきちんとキャッチする仕組みが必要ですし、それと同時に「個の課題を地域で解決する仕組み」が求められています（**図2**）。

もっとも、地域福祉の基盤づくりは学校や社協がそれぞれで動くようなものではなく、その地域に住む住民も巻き込んだ基盤でないと継続的に機能しないと思われます。それには「個を支える地域をつくる」ための援助が必要です。その担い手は社協であり、そこに所属するコミュニティ・ソーシャルワーカーであるべきだと思います。

ふくし共育などを通じて学校と社協が連携するメリットは先に述べました。そして地域と学校の連携をより効果的にするためにも、スクールソーシャルワーカーが配置されているか否かで大きな差が

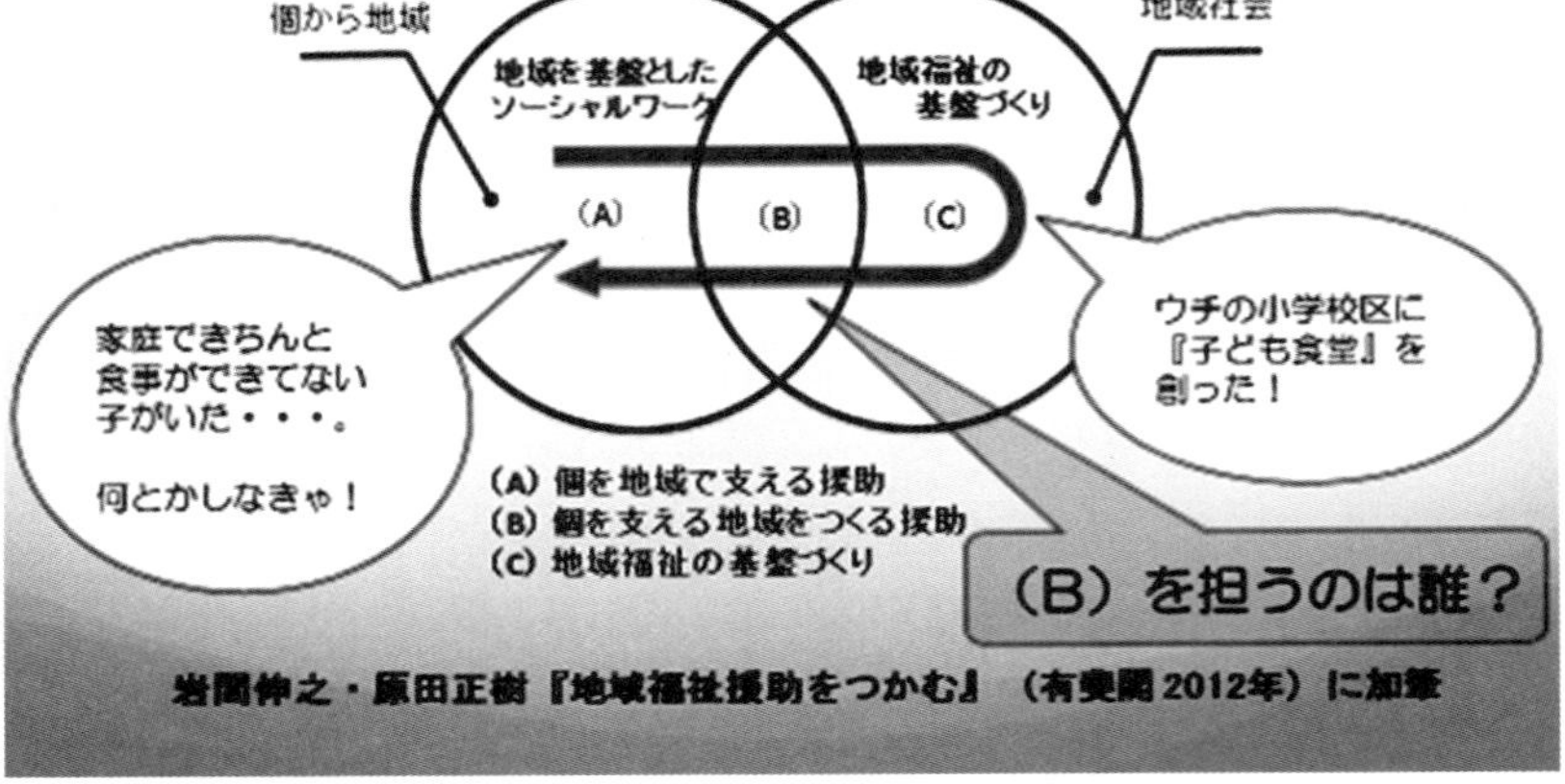

図２　「地域を基盤としたソーシャルワーク」と「地域福祉の基盤づくり」の位置

できるのではないでしょうか。

繰り返しますが、教育現場の中の福祉専門職であるスクールソーシャルワーカーは、子どもたちが学校で、地域で健やかに生活していけるように「地域福祉の基盤づくり」にも意識を傾けてもらいたいと思います。学校も、子どもたちの生活基盤が整うことを願ってくれているわけですから。

もちろんコミュニティ・ソーシャルワーカーは全力で応援します。

「スクールソーシャルワーク＋（たす）コミュニティ・ソーシャルワーク」ではなく、「スクールソーシャルワーク×（かける）コミュニティ・ソーシャルワーク」になるのでは、と大いなる可能性を感じずにいられません。

ふくし共育の推進と個々の子どもたちへの支援のために、教育と福祉の連携をより強化していく必要性がますます高まってきていると思います。

学校での心理職の立場から

三浦光子・臨床心理士（岩手県）

1 スクールカウンセラーの事業のはじまり ～学校との信頼関係の構築～

(1) かつて黒船襲来と言われる中で

日本の公立学校へのスクールカウンセラーの派遣は、１９９５（平成７）年にはじまりました。当時の文部省は、不登校の急増や深刻ないじめ問題への対応として、全国の小・中・高等学校１５４校を対象にスクールカウンセラー活用調査研究委託事業を開始しました。私はこの年に派遣された第１期のスクールカウンセラーで、平成24年度までの18年間、20校以上の学校に勤めました。今は、東日本大震災後の子どもの心の診療を行う児童精神科で主に心理療法と心理検査の仕事をしています。

平成７年のスクールカウンセラー事業開始時は、「黒船襲来」と言われました。スクールカウンセラーは教師を批判する外部からの侵入者と思われ、今ではまったく信じられないことですが、「スクール力ウンセラー入るべからず」という貼り紙が貼られた学校もありました。臨床心理士会の全国組織は周到に準備し、1期のスクールカウンセラーは各都道府県の臨床心理士会が推薦し事前に研修を義務づけました。その研修では、3つの心構え、「個別のカウンセリングに飛びつかないこと（学校で孤立しないため）」「学校を十分にアセスメントすること」「教職員との信頼関係を築くこと」が伝えられました。スクールカウンセラーの専門性を生かすには、まずは学校に溶け込み、教師の信頼を得ることが最も重要だったからです。

こうしてはじまったスクールカウンセラー事業から22年、スクールカウンセラーの配置率は中学校を中心に飛躍的に伸び、今では誰もが知る名称となりました。

(2) 信頼を得るため

教職員からの信頼を得ることとは、「この人ならば児童生徒や保護者を任せてもいい」「この人にクラスの生徒のことを相談してみよう」と思ってもらうことでした。私は〝安心できる人〟に見えるように、振る舞いや言葉使いに気を遣いました。それは、偉そうにしないこと（謙虚さ）、誰に対しても丁寧に接すること、カウンセリングルームに籠りきりにならないこと、忙しい教師をつかまえて長々と話をしないこと、笑顔でいること、少しのユーモア、学校の良い点を言葉にして伝えること、そして何より教師という専門職を尊敬し敬意を表すこと（respect）でした。

実際、学校で仕事をしてみると、教師は授業や学級経営だけではなく、クラブ活動から集金に至るまで、膨大な仕事を抱えながら、子どもの力を伸ばそうと努力し、学年団を中心としたチームで動く専門職でした。そしてどの教師も豊かな個性をもち、子どもの心理・社会・認知的な発達を促すかかわりや活動の場がありました。

(3) 最初の校内支援チーム

幸いなことに私は、最初に派遣された学校で、校内支援チームによる不登校への対応を経験することができ、それはその後の私のスクールカウンセラー活動の方向性を決定づけました。

その学校は、温かく賢い女性の校長先生がいる小学校で、学校長はすぐに不登校の児童と保護者の面接を私に依頼しました。教職員も温かく接してくれましたが、「スクールカウンセラーの守秘義務」という聞きなれない言葉に戸惑い、スクールカウンセラーとの接触をためらっているようでした。学校の職員室には教職員がコーヒーやお茶を飲むスペースがありました。ソファーとお茶セット。私がそこでお茶を飲んでいると、養護教諭が私に「あの子どうですか？」と尋ねてきました。それがきっかけとなり、そこは「午後4時の支援会議」の場となったのです。

午後4時になると、担任、教務主任、学年長、養護教諭、教育相談担当、そして私がその場所に集まり、それぞれが知っている新しい情報を共有しました。今でこそ集団守秘という考え方が定着しましたが、私は当時から保護者に確認した上で、子どもの支援に役立ちそうな情報は教師に伝えていました。

チームでの会話は、次のように進みました。

私が、その子は音楽が好きで最近リコーダーを練習しているけれど、家では音がうるさいので練習ができないと思っているらしい、というような情報を提供します。すると担任が「音楽の授業でちょうどリコーダーの授業がはじまる」と言います。「だったら学校に来て練習できないかな」と教務主任が言い、学校で練習をするという提案を誰が、どんなふうにその子に説明するかを皆で考えます。別の教師が「スクールカウンセラーの面接日に（子どもに）職員室に顔を出してもらったらどうかな」と言うと、「担任は職員室にいないから（授業中）、いつも声をかける先生を決めて仲良くなったらどうかな」と別の教師が言います。そしてこれらが実行可能かどうかを検討していきました。午後4時の支援会議は30～45分。これを毎週繰り返すうちに、週1回の10分間のリコーダーの練習が週3日15分の漢字プリント練習となり、5分間だけクラスで授業を受けるようになり、そして一歩一歩階段を上っていくようにしてその子はクラスに入って勉強し、友達と遊ぶようになったのです。

この経験から私は、スクールカウンセラーと教職員はバラバラに支援するよりも協力し、援助を行うことはとても効果があり、同時に、子どもや家族の心理的な状態や変化については、スクールカウンセラーなどの心理職が教職員にわかるように説明することが必要なことを学びました。今では当然のように言われているチーム支援は、この頃はまだ少なく、子どもを何とか支援したいという純粋な熱意があったと思います。

(4) 学校や支援チームのコミュニケーションに注目して

チームでの支援の経験から、私は他の学校でも、教職員の会話に注目し、情報を集めるようになりました。例えば、不登校の児童生徒がいるならば、誰がその子や家族の情報をもっているか、さりげなく情報を集めました。

必要な情報を必要な教師が知らないことも多かったので、情報をあっちに伝え、こっちに伝えていると、ある中学校の教頭（副校長）先生が、「教育相談会議を開きましょう」と言って、教務主任が時間割を調整して会議の時間を捻出してくれました。そんなふうにして会議がはじまるようになり、そのうちにどの学校でも定期的な教育相談会議が開かれるようになりましたが、そうなると私は支援の質を考えるようになりました。

チーム支援はみせかけと本物があり、その違いは会議でのコミュニケーションにあると思っていました。支援的になる会話は、具体的な情報に基づき、会議に参加した人がオープンに話し合う雰囲気があります。具体的でフレッシュ（新鮮）な情報が集まり、そこからアセスメントをし、具体的な行動連携につなげていきます。誰かが長い時間話をしたり、感想や一般論が話されたりする会では支援が進みません。

その頃、私は教員研修会の講師を依頼されるとよく「6つの帽子」という演習をしました。スタンフォード大学の授業で取り入れられている方法で、「デメリットだけを言う」「感情的なことだけを言う」「皆の意見をまとめる」などの、教師に6つの役割で教育相談会議のロールプレイをしてもらいました。コミュニケーションの違いで会議の雰囲気や出てくるアイデアが異なることを体験してもらいました。支援的な会議になっていくためには、最初はスクールカウンセラーやスクールソーシャルワーカーが会話を引っ張っていくことも必要でしょう。最終的には、子どもや家族の不安を感じながら、寄り添い、また様々なアイデアで慎重に行動するチームを目指しました。

⑸ 支援者の落とし穴

スクールカウンセラーの派遣の拡大とともに、スクールカウンセラーは地方自治体の計画で運用されるようになり、巡回方式や拠点校方式など、年間の派遣回数や勤務時間に格差が出てくるようになりました。１校あたりの年間配置日数や勤務時間は、私たちの仕事に大きく影響するため自分の働き方をよく考えなければならなくなりました。

また、臨床心理士などの有資格者が不足している地域では、平成21年度から「準カウンセラー」を導入することができるようになり、スクールカウンセラーという名称であっても、より多様なバックグラウンドをもった人が学校現場に配置されることになりました。その他、支援員などの名称で別室登校や低学年のクラスをサポートするなど、学校内の人材が多様化していきました。教職員から支援員まで多様な職種が働くことは必要ですが、支援者同士の動きのコントロールは複雑化しました。また、心理的投影（相手に自分の感情や欲求を映し出す）も起きるので、自分自身の心の動きを自覚しコントロールすることは大変でした。

例えば、教師との関係が難しい学校では、私は重症の難しいケースを引き受けてしまうことがよくありました。何とか学校の役に立ちたいという焦りなのですが、そうやってケースを引き受けると、教師がスクールカウンセラーに任せきりになってしまい、子どもや家族から遠のいてしまいました。スクールカウンセラーの抱え込みは子どもへの教育的なかかわりを奪ってしまうこともあると思いました。

また、スクールカウンセラーの経験が長くなってくると、第三者性や外部性の低下が心配になりました。疲弊している教師に寄り添う気持ちが強くなり、学校の味方になっていくような気がしたこともあります。さらに、多忙のあまり自分の活動を点検する意欲や機会が減ってしまうこともありました。私は、全国にスクールカウンセラーの仲間がいたので、年1回開催される定期的な合宿研修に参加し、リフレッシュと他県のスクールカウンセラーとの情報交換を通じて、自分の活動を見直していました。スクールソーシャルワーカーも、自分を振り返るために工夫やスーパービジョンを受けることが大切だと思います。

2 専門性を生かすために

(1) スクールカウンセラーの基本的な業務

スクールカウンセラーの活動内容の主な内容はおおむね以下の7つにまとめられます。

①児童生徒への相談・助言
②教職員へのコンサルテーション（助言・協議・相談）
③教育相談や児童生徒理解に関する研修
④相談者への心理的見立て（アセスメント）と対応

⑤保護者や関係機関との連携
⑥ストレスマネジメントなど予防教育
⑦学校危機対応における心のケア

私は④と①、②の活動が多かったのですが、予防啓発として③も積極的に引き受けました。また、2011（平成23）年に発生した東日本大震災後の数年間は⑥と⑦に多くの時間を費やしました。

(2) スクールソーシャルワーカーへの期待

心理職から見ると、スクールソーシャルワーカーは、現実的な問題解決や、地域資源をネットワークとしてつないでいくことに長けた専門職だと思います。スクールソーシャルワーカーがまだ学校にいなかった時代は、私も外部の関係機関との連絡や会議を呼びかけることもありましたが、専門的なトレーニングを受けていないので自信も技術もなく、スクールソーシャルワーカーが配置されてほっとしました。経済的な支援や各種手帳、自立支援など福祉的サービスを必要な家庭に伝えてもらえることも、子どもの心理的・認知的発達の基盤となる養育環境を支えることになりとても大切な活動だと思います。私は、この専門性を最大限に発揮してほしいと思っているのですが、最近、広く浅く専門的な知識はあるけれど、本当に専門的な支援者が少ないのではないかと思っています。現場では、知識があることと、実際に実行することには大きな違いがありますから、浅い知識だけで実践することは、結局は質の低い支援になってしまうのではないかと思います。

例えば、最近読んだスクールソーシャルワークに関する論文に、スクールソーシャルワーカーが発達障害の子どもに対して学校でソーシャルスキルトレーニング（ＳＳＴ）を行うことが書かれていました。私は大変驚きました。

発達障害といっても医療で診断されているのか、あるいはトラウマが背景にあり多動や過覚醒の症状から発達障害的に見えるのかでは、アプローチが違ってきます。また、発達特性は個人差が大きいので、般化が難しい子どももいるでしょう。パターンが違う場面でパニックを起こすかもしれません。子どもへのトレーニングの動機づけや、理解できる知的な能力の査定、そしてどのスキルをどの順序で教えるのかなど、多くの検討が必要です。そのためには、実にたくさんの時間、発達障害について専門的に勉強し経験することが必要だと思うのですが、これをスクールソーシャルワーカーが行うメリットは何なのでしょうか？

もちろん、ソーシャルスキルトレーニングが何であるかを知っている必要はありますし、専門的に勉強している人もいると思いますが、私はスクールソーシャルワーカーには、学校以外の子どもの居場所や放課後デイ、親の会など地域資源を探してほしいし、経済的な支援や福祉的なサポート、学校を卒業した後は就労支援や若者の居場所につなげてほしいと思います。そして、もし地域にそれがなければ、その必要性を提言してほしいとさえ思っています。

私の考えでは、スクールソーシャルワーカーの高度な専門性は、学校という枠を超えて空間と時間をつないでいくことです。新しい技法が次々と紹介されていく中で、自分ができるかどうか、自分の役割として必要かどうかを慎重に、そして謙虚に考えることが大切なのは、スクールカウンセラーもスクールソーシャルワーカーも同じだと思います。

3 アセスメント、面接とコンサルテーション

(1) アセスメント〜支援の入り口〜

アセスメント（見立て）は、支援の入り口です。それには見落としのない具体的な情報と子どもの問題行動に関する臨床的な知識が必要です。スクールソーシャルワーカーが、アセスメントシートに記入をしているところを見たことがあります。見落としを防ぐ効果的な方法だと思いました。アセスメントについてはたくさんのトレーニングを受けていると思うので、私がスクールソーシャルワーカーに目を向けてほしいことを2つお話ししたいと思います。1つは医療の知識、もう1つは重症度や優先順位という視点です。

DSM−5（『精神障害と診断と統計マニュアル』第5版）や『WHO国際統計分類』第10版（ICD−10）といった子どもの診断基準と医療の知識は是非もってほしいと思います。

学校で使われている言葉には、診断名なのか、症状や状態をあらわしているのかが曖昧なものがよくあります。例えば、「不登校」は以前から「くずかご診断」と言われていて、その背景には精神疾患、発達障害の二次障害、いじめなどのトラウマ、家庭の問題などが考えられるのですが、不登校という言葉のままで対応が進んでいくことがよくあります。

また、医療の診断と治療に関する間違った考えもあります。例えば、発達障害は投薬治療で治ると思っている教職員がいて、子どもの問題行動が改善しないと、病院での薬を増量するように保護者に依頼します。発達障害は、環境調整が最も重要で効果的であるという基礎的なことが理解されていないのです。

重症度と優先順位のアセスメントとは、特に地方では考える必要があることです。子どもが受診できる医療機関や外部専門機関の数が少ないので、医療機関に予約が殺到し、受診まで長い間待たなければなりません。けれども、その中には、学校で十分対応ができているけれども、念のために受診しようといったケースや、他のどこにも相談をせず、少し落ち着きがないからといって最初から児童精神科を受診しようとするケースもあります。

もちろん、重大な問題が隠れているかもしれないので、慎重さは必要ですが、より重症な（自殺企図や重症の自傷行為、統合失調症やうつ病などの精神疾患、重症の解離など）子どもが優先的に受診できるようにすることや、他の地域資源の効率的な活用を考える必要があります。スクールカウンセラーとスクールソーシャルワーカーが常勤化されれば、タッグを組んでアセスメントし、適切な場所に子どもや家族を紹介していくことができるようになるのではないかと思います。アセスメントの力をつけるには、他の専門領域も学ぶことが必要です。

また、子どもを取り巻く社会的な環境の変化は早いので、新しい情報も学ぶ必要があります。例えば、ＳＮＳによる自殺サイト、ＬＧＢＴ（性的少数者）、子どもの貧困など、知識のアップデートが必要です。

(2) 面接、コンサルテーションについて

私の印象では、スクールソーシャルワーカーは、共感的で、社会的弱者や、精神的に混乱している人に粘り強く寄り添うことができると思っています。話を聴く時も丁寧に確認しながら、ニーズを浮き上がらせていくことができ、スクールソーシャルワーカーは、一定の水準で支援的な会話ができる優れた職種だと思っています。

認知行動療法（ＣＢＴ）には、セラピストとクライエントの発言の割合と治療効果との関連を検討した研究があります。セラピストが話す量が一定の割合を超えると治療効果が下がるという結果からも、話をよく聴くことの重要性がわかります。また、温かく共感的な素人とＣＢＴセラピストの面接の違いに関する研究もあります。両者の面接は10回までは差はないのですが、その後は、ＣＢＴセラピストの面接と素人では圧倒的に差があらわれ、それは面接を終了した数年後でも差があるという結果でした。温かさや共感的な能力は、対人援助の土台ですが、それだけでは真の専門家とは言えないということでしょう。

教師のコンサルテーションも、教師の不安や悩みに寄り添いながらすすめる必要があります。教師の苦悩は、家族や子どもに困り感がなく、教師が困っているというニーズのズレから生じることもあります。ニーズを丁寧に掘り起こしてくれるスクールソーシャルワーカーの専門性は学校に合っていると思います。いずれにしても、面接やコンサルテーションの会話の技術は私たちの専門性の高さに直結するので研鑽が必要です。

4 大規模災害、緊急支援に備えて

最後に、大規模災害への備えについて。日本は自然災害が多い国ですから、子どもの支援にかかわる専門職が、子どものトラウマや心のケアの知識をもっていることはとても重要です。東日本大震災の津波を経験した時、私には子どものトラウマ反応、ＰＴＳＤの症状、家族のＰＴＳＤが子どもの認知発達に影響を与えること、支援者の二次受傷、複雑性悲嘆などの知識が少なく、もっと知識があったら、より的確な支援ができたかもしれないと後悔しました。これを読んでいる皆さんには、そういう思いをしてほしくないと思っています。

子どものトラウマは、まだ新しい知見ですが、子どもの脳にダメージを与えることは明らかになってきました。虐待やレイプ、ＤＶの目撃、言葉の暴力など子どもの時代のトラウマは、脳の気質的な変容を引き起こし、成人後の犯罪、失業、メンタルヘルスや健康のリスクが上がります。また、落ち着いているように見えても、ストレス要因をきっかけに数年後に突然症状があらわれることもあります。遅発性ＰＴＳＤです。

東日本大震災から7年になる今も、被災県では学校で子どものメンタルヘルスの心理教育を行い、重症な子どもや家族はスクールカウンセラーやスクールソーシャルワーカーが医療や福祉につなげています。災害は突然やってくるので、日頃から顔が見える地域のネットワークが大切です。

子どもの心のケアに関してもスクールソーシャルワーカーが大事な役割を担うことを意識してほし

いと思います。

《参考文献》石川悦子（２０１５）「スクールカウンセリング活動の基本と課題」『臨床心理学』第15巻第2号、金剛出版、１８２～１８５ページ
エドワード・デボノ（２０１５）『6つの帽子思考法―視点を変えると会議も変わる』パンローリング
杉山登志郎（２００７）『子ども虐待という第四の発達障害』学研プラス
友田明美（２０１１）『いやされない傷―児童虐待と傷ついていく脳』診断と治療社
八木淳子（２０１５）「危機支援」『臨床心理学』第15巻第2号、金剛出版、２２４～２２９ページ
大野裕（２０１７）厚生労働省認知行動療法研修事業　うつ病の認知療法・認知行動療法

学校マネジメントを経験した退職教員の視点からみるスクールソーシャルワーク

鈴村富成・スクールソーシャルワーカー（愛知県）

1 私がスクールソーシャルワーカーになるまで

私は、平成26年3月に公立小中学校での33年間の教員生活を定年退職で終えました。小学校4校、中学校3校に勤務した後、最後に小学校の校長を4年間務めました。

退職後、学校教育課から、市の青少年育成課「子ども・若者総合相談窓口」の相談員をしないかという話があり、その仕事をすることになりました。

主な職務は、39歳以下の若者・子どもを対象に電話で相談を受けることでした。相談内容は、ひきこもり、ニート、生活困窮、不登校、情緒不安、勉学、子育て、非行など様々でした。その仕事をはじめた頃は、電話で相談者の話をしっかりと聴き、少しでも安心感を与えられるように努めていました。しかし、相談活動をしていくうちに、問題解決のためには相談者の話を傾聴して助言するだけではなく、問題を抱えている相談者と面談して支援につないでいく必要があると思うようになりました。

そこで私は、地域にはどんな支援機関があるのか調べ、そこに出向いて支援機関の人たちと会い、支援の内容や方法などをできるだけ詳しく聞き取るようにしました。と同時に、支援機関の人たちとの連携、協働ができる人間関係づくりにも心がけました。

その結果、ひきこもり、ニート、生活困窮について、いくつかのケースで支援機関と連携・協働した活動を行えるようになったのです。また、公的な支援機関やＮＰＯなど民間の支援機関の多くの方々と「顔が見える関係」になることができ、困難を抱える人たちの支援には、支援機関が連携し協働することが大切だと学びました。

「子ども・若者総合相談窓口」での2年間を終える頃、学校教育課から、「主に虐待が心配される家庭の支援を図るために、来年度、市でスクールソーシャルワーカーの導入を考えている。やってもらいたい」という話がありました。私なりに調べたところ、スクールソーシャルワーカーは、複雑化する教育課題に苦慮する学校にとって有用であり、文部科学省はスクールソーシャルワーカーを全国に展開しようとしていることを知ったのです。また、スクールソーシャルワーカーには教育とは異なる福祉の専門性をもった人が望ましいということもわかりました。ソーシャルワークの専門的知識・技能や社会福祉士の資格のない私がこの仕事を引き受けてよいのか、果たして自分にできる仕事なのかなどと悩み考えました。

いろいろと考えた末、「市にとっても学校にとっても初めてのスクールソーシャルワーカーの導入であるので、教育現場のことをわかっている者がスクールソーシャルワーカーをやってもよいのではないか。学校にスクールソーシャルワーカーのことを認知してもらえるまでは頑張ってやってみよう。2・3年後には、ソーシャルワークを専門とする人に引き継ぎ、この市に本格的なスクールソーシャルワーカーの活動を展開してもらうようにしよう」という考えに落ち着いたのです。

ただ、私一人で無手勝流の活動になってはいけないと思い、スクールソーシャルワーカーのことを相談できるスーパーバイザーを入れてもらうことと、できれば私以外にもう一人、福祉のことに明るい人を入れてもらうことを学校教育課に依頼しました。特に、スーパーバイザーには実践的にも理論的にも一流の方を指名して招聘してほしいと頼みました。その方の招聘を依頼したのは、私と交流があったわけではありませんが、「子ども・若者総合相談窓口」の仕事をした時に講演を拝聴し、その時の話が心に強く残っていたからです。結果、スーパーバイザーとしてその方に来ていただき、スクールソーシャルワーカーとしてもう1名（福祉課や子ども課に所属した経験をもつ市のＯＢ）に入ってもらうことになり、私はスクールソーシャルワーカーの仕事をすることになりました。

2 スクールソーシャルワーカーの「仕事はじめ」

(1) スクールソーシャルワーカーとしての勤務形態

勤務形態は週4日、1日6時間で、学校教育課内に机と専用のパソコンが与えられました。学校教育課指導主事の一人が、私たちスクールソーシャルワーカーの担当になりました。もちろん、指導主事もスクールソーシャルワーカーの担当は初めてです。私たちは、担当指導主事と話し合いをしながら仕事をすすめていくことになりました。スクールソーシャルワーカーの基本的な活動の仕方としては、学校からの相談を受け、スクールソーシャルワーカーが学校に出向いて対応する、いわゆる派遣型になりました。

また、本市のスクールソーシャルワーカーの主要な活動は、虐待が心配される家庭に対応することです。関係機関の支援の様子や情報を得るために毎月2回開催される、市の要保護児童対策地域協議会・実務者会議に、学校関係者として指導主事と一緒に出席することになりました。スーパーバイザーには、月1回半日、市役所に来庁していただき、私たちスクールソーシャルワーカーの活動報告、悩みや相談に対して、指導・助言をしていただくことになりました。

(2) 最初の仕事はあいさつまわりから

スクールソーシャルワーカーとしての最初の仕事は、4月の定例校長会議でのあいさつでした。市内全学校（小・中学校61校）の校長先生に名前と顔を覚えてもらい、今年度から市にスクールソーシャルワーカーが導入されたことを知ってもらいました。

学校には今、教員以外に、スクールカウンセラー、心の教室相談員、特別支援協力員、学習支援ボランティア、学校サポーターなど、様々な役割の人が導入されています。しかし、本市ではこれまでスクールソーシャルワーカーはまったく配置されておらず、スクールソーシャルワーカーのことが話題になることもありませんでした。ですから、学校の管理職でもスクールソーシャルワーカーのことを知らない（私も現職の時そうでした）のが実情だろうと思いました。

そこで、私たちは、すべての学校の校長、教頭に会い、まず、スクールソーシャルワーカーがどんな仕事をするのかを丁寧に説明し、その上で学校の話を聞き、その中からスクールソーシャルワーカーがかかわれることを引き出していくことにしたのです。最初の出会いを大切にしたいという思いから、スクールソーシャルワーカーの案内ちらしを作成し、2カ月ほどかけて学校回りをしました。校長、教頭との面談では、私が元教員ということもあって、気軽に話し合うことができ、ケースがどんどんつながってきました。

(3) 支援機関とつながる

これまで対応したケースの内、支援機関と連携したケースは半数にのぼります。私は、支援機関と連携するにはどんな機関があるかを知っているだけではなく、機関の人と信頼関係でつながっていたいと考えています。そのため、時間があれば支援機関を訪問して、職員の方とコミュニケーションを図るように努めています。

私が最もよく相談に乗っていただいているのは、市の生活支援相談室（生活福祉課）のAさんです。生活支援相談室というのは、生活困窮者自立支援法の成立に伴って市に設置された部署で、Aさんはそこの相談員をしている方です。そもそも私がAさんと出会ったのは、「子ども・若者総合相談窓口」の相談員をしていた時で、ひきこもりやニートの若者の就労支援、居場所づくりなどでいろいろと相談に乗ってもらいました。スクールソーシャルワーカーになってからも、多くのケースで相談に乗っていただいています。

また、Aさんの紹介で、ホームレスの方や生活困窮の方たちの住居支援、就労支援、食料支援（フードバンク）を行っているNPOともつながりができ、とてもお世話になっています。このNPOは、2年ほど前から子ども食堂、学習支援事業を行っていて、私は、ある生活困窮家庭の子どもをそこに案内したことがきっかけで、今、個人的にボランティアとして子ども食堂、学習支援にかかわるようになりました。NPOの方と出会って強く感じているのは、熱い思いをもっての寄り添い、粘り強い支援です。

　これまで私は、公的な機関、市の委託機関、民間機関、NPO、民生委員・児童委員など、大変多くの支援機関の方と出会うことができました。うまく連携・協働ができたこともありましたが、そうではなかったこともあります。

　私は、養育に問題があるため子どもたちが学校に通うことができないケースに何件かかわりました（今もかかわっています）。私は、養育に問題があって子どもたちが学校に通うことができないケースは「教育ネグレクト」だと思います。しかし、児童虐待等防止法では、身体的虐待、性的虐待、心理的虐待、ネグレクトの4種が挙げられていますが、「教育ネグレクト」は含まれていません。そのためか、「教育ネグレクト」のケースでは児童相談センターなどの虐待対応の機関の協力を得ることが難しく、もどかしさを感じることが何度もありました。

　私は、「教育ネグレクト」のケースに対して、家庭訪問支援事業などの家庭支援、子育て支援の事業を市町レベルでもっと充実させていく必要があると思います。また、そのために、スクールソーシャルワーカーは何ができるか、どんな貢献ができるかが、今後のスクールソーシャルワーカーの課題の1つではないかと考えています。

(4) スクールソーシャルワークの研修

スーパーバイザーから、県内のスクールソーシャルワーカーが集まって学び合う「スクールソーシャルワーカー実践研究会」を紹介していただきました。初めて会に参加した時、教員ＯＢは私だけで、参加者のほとんどが社会福祉士、あるいはソーシャルワークの経験のある人たちでした。また、大学を卒業して間もない若い人たちや大学生が大勢参加されていて、大変驚いたことを覚えています。はじめは違和感を覚えながらも、皆さんの実践発表を聞いたり自分の考えを述べたりして、とてもよい刺激と学びをたくさん得ることができました。

スクールソーシャルワーカーはまだまだ教育現場で少数であるため、スクールソーシャルワーカーどうしの情報交換や交流の機会が希薄です。積極的に研修会などに参加して交流を深め、情熱を高めるとともに、専門職としての力量向上を図りたいと思います。

3 不登校への対応が増える中で

(1) 改善や解決がみられたケース事例

本市でのスクールソーシャルワーカーの主な役割は虐待が心配される家庭に対応することでしたが、不登校問題について学校で話を聞く中で、その背景に家庭環境に問題があるケースが多くあり、数多く対応しました。

対応したケースの内、改善や解決がみられたケースは半数です。問題の改善、解決の難しさを痛感することが多々ありましたが、その中で、私自身も驚くような改善・解決がみられたケースがありましたので、参考にしていただければと思い、以下に紹介させていただきます（ご本人・家族に掲載の了承を得、詳細は改変しています）。

学校訪問で中学校の校長、教頭から、「母子家庭で、子どもが不登校。最も困っているのは、この1年ほど母親とまったく会えず連絡がとれないこと。児童相談センターにも相談し、家庭訪問をしてもらった。児童相談センターからは、母親には会えなかったが子どもたちに会うことができ、安否・健康に問題はないことが確認できたので、これ以上の対応はできないと言われた。この問題を解決するために何か手立てはないか」と相談を受けたのが、このケースとの出会いでした。

(2) スクールソーシャルワーカーの対応（時系列経過）

①アセスメントを行う

対応策を考えるために、まず家庭のアセスメントを行いました。家族構成は、母親・中学卒業後無業の姉・本児・小学生で不登校の妹の4人家族。母親がパートの仕事で家計を支えているが、家計の状態はかなり厳しいであろうということがわかりました。そこで、生活支援相談室のAさんに相談をし、今後の連携・協働をお願いしました。

②管理職と一緒に家庭訪問し、登校を促す

夏休み前、中学校の教頭と一緒に家庭訪問し、本児に会うことができました。本児は、明るい表情ではきはきと、母は不在と言い、学校に行けないのは友達がいなくて教室に入りにくいから、勉強は嫌ではないと話しました。3日後に、再び教頭と家庭訪問すると、「これから登校します」と言い、昼近くに自力で登校し、図書館で1時間ほど過ごし給食を食べて帰宅しました。夏休み中に何度か家庭訪問しましたが、母親には一度も会えませんでした。

2学期始業の日、本児は登校。しばらくは別室でしたが、担任の声かけにより、教室に入ることができたのです。9月はほとんど休まず遅刻もなく登校し、教室で過ごし、クラスメイトと笑顔で話をする様子が見られました。しかし、小学生の妹は、9月も登校できませんでした。

③今後の対応について、学校と話し合う

9月末、中学校の校長、教頭と話し合い、次のようなことを共有しました。

「当面、学校は本児の登校が続くようにかかわっていく。特に、担任は、寄り添って思いを聞くようにする。今学期は進路希望を決める時期なので、丁寧に希望を把握するようにする。今は頑張って登校しているが、無理をさせると息切れになるので十分に注意する。スクールソーシャルワーカーは、学校と連絡をとり合いながら適度に家庭訪問をして、子どもたちとの関係づくりをするとともに、母親と接触を図る」

④進学の希望を聞く

10月のはじめ、私が家庭訪問した時、本児に進路の希望を尋ねると、明確に志望校名を答えました。

校名を学校の調査票に書き、母親にも話したということでした。学校は、依然として母親と連絡がとれず、今後、母親の協力が得られない中でどのように進路指導をすすめていけばよいか心配しているとのことでした。生活支援相談室のAさんの協力を得て一緒に動いてもらいましたが、母親とは連絡がとれませんでした。

⑤ケース会議を開く

この状況で本児の進学を叶えるにはどうしたらよいか。校長、教頭、担任、学年主任、教育相談担当教員、スクールソーシャルワーカー、生活支援相談室のAさんでケース会議を開き、次のようなことを共有しました。

「学校は、母親に対して進路面談の必要を手紙などで粘り強く訴えていく。志望校受験に向けて学習のサポートをする。スクールソーシャルワーカーは、志望校に問い合わせ、受験や入学のために必要な費用などの詳細を調べる。Aさんは、支援金、貸付金など親の負担をできるだけ少なくする方法を探す。また、学校、スクールソーシャルワーカー、Aさんから本児に、進学をあきらめることがないように働きかける」

⑥本児に支援の話をする

生活支援相談室のAさんと一緒に学校で本児に会い、進学支援の具体的な内容と進学をあきらめないよう話をしたところ、本児は母親の様子をみて進学支援のことについて相談してみると言いました。12月、学校の自転車を貸りて（本児は自転車を持っていなかった）志望校の見学会に行きました。本児は見学に行ってよかったと言い、進学意欲の高まりがみられました。

2月はじめの進路面談の保護者会に、母親が初めて出席しました。母親は、「本人が進学を望んでいるのなら支援をするつもりはある。進学資金はないので、進学資金支援制度があるなら受けてもよい。しかし、入試でおそらく合格できないだろう」と言ったそうです。

2月に開催された志望校での進学説明会に、本児一人ではなく、母親が一緒に行きました。本児が母親に頼んだということでした。

⑦関係機関と連携し、母親とのつながりを図る

学校、私、生活支援相談室のAさんで、母親に進学資金支援について説明をしようということになり、母親と面談する約束ができましたが、当日、母親が電話でキャンセルし実施できませんでした。本児は休まず登校を続け、卒業式にも出席しました。しかし、母親は出席しませんでした。

⑧母親とつながり、支援はじまる

受験の日の朝、母親から学校に電話で、「今、高校に車で送った」と連絡がありました。合格発表には母親も一緒に行ったが、入学手続きの書類を持って登校したのは本児のみでした。「母はお金が払えないと言っている」と表情が曇っていました。

そこで、学校から母親に「至急連絡がほしい」という電話を入れてもらいました。何度か電話した後、母親から「進学資金を借りようとしたがだめだった。どうしようもなく困っている」と学校に電話が入りました。私はすぐに、生活支援相談室Aさんに連絡を入れて対応を依頼し、母親には「今からすぐに来庁するように」と学校から伝えてもらいました。

母親は、長女（本児の姉）と一緒に、すぐに生活支援相談室に来ました。Aさんには、これまでに相談し連携を図っていたことで、的確な対応、支援をしていただきました。進学資金の支援については、既に社会福祉協議会に事前の交渉がしてあり、支援してもらえることになりました。高校の入学手続きやアルバイト先の斡旋についても、支援してもらえることになりました。無業であった姉も、就労支援を受けることになりました。私は、子どもたち（本児、妹、姉）を子ども食堂、学習塾に案内することにしました。母親も生活支援、就労支援を受けることになり、食料支援（フードバンク）のＮＰＯにもつないでもらいました。

母親は、「こんなに助けてもらえるところがあるとは知らなかった。もっと早くに相談すればよかった」とつぶやきました。

今、本児は元気に高校に通い、妹は新年度から休まず登校し、姉も頑張って仕事をしています。子どもたちは3人とも子ども食堂、学習塾にも通っています。そして、母は生活支援相談室のＡさんに信頼を寄せ、何か困ったことがあると自分から相談に訪れ、頑張っています。

私たちが諦めずに支援をつないでいくことで、こんなにも家庭の状況が変化するのだということを目の当たりにしたケースでした。

4 これからスクールソーシャルワーカーになるみなさんへ、そして学校の先生方へ

スクールソーシャルワーカーの経験が浅い私が、これからスクールソーシャルワーカーになられる

みなさんや学校の先生方の役に立つようなことを語ることはとても難しいのですが、教育現場のことを知るスクールソーシャルワーカーということで、少し述べさせていただきます。まず、これからスクールソーシャルワーカーになられるみなさんに、３つのことを述べたいと思います。

１つ目は、「子どもたちのために、先生方と苦楽を共にする！」という「情熱」をもって仕事に取り組んでほしいということです。教育現場で先生方と連携・協働して活動するには、専門家としての知識、技能はもちろん重要ですが、それと同時に、この「情熱」を先生方に伝えることがとても大事であると思うのです。

２つ目は、先生方からの相談を待っているのではなく、みなさんから積極的に先生方にかかわり、スクールソーシャルワーカーの仕事を伝えたり、相談を聞いたりしてほしいということです。それは、ほとんどの先生方にとって、スクールソーシャルワーカーは未知の人であり、目の前にいるたくさんの子どもたちのために多忙な毎日を送っている先生方には、未知の人にかかわろうという余裕がないからです。先生方は、スクールソーシャルワーカーがどんな仕事をする人かがわかれば、みなさんに期待を抱き、どんどん連携、協働を求めてくることと思います。

３つ目は、フットワークよく動くということです。私は、「スクールソーシャルワーカーの仕事は、デスクワークではない。様々な人と連携・協働して活動するには、自分がフットワークよく動くことが大事である」という思いで、スクールソーシャルワーカーの仕事に取り組んできました。その結果、この２年間で多くの機関、地域の人とのつながりができ、支援活動を展開することができました。みなさんにも、学校内はもちろんですが、学校の外でも、ぜひ、フットワークよく動いてほしいと思います。

次に、学校の先生方に対してですが、2つのことを述べさせていただきます。

1つ目は、養育環境など家庭の状況が心配な子どもたちのことは、スクールソーシャルワーカーに相談をしてほしいということです。スクールソーシャルワーカーは、端的に言えば、不登校、いじめ、子どもの貧困、家庭環境の問題などで、学校だけで対応することが難しいケースに対して、先生方、関係機関と連携して改善、解決を図る専門家です。学校は、ともすると先生たちだけで問題を解決しようとしがちです。しかし、複雑、深刻な問題は、学校だけで解決することは非常に難しいです。遠慮することなく、是非、スクールソーシャルワーカーを活用してください。

2つ目は、学校にスクールソーシャルワーカーが配置されましたら、どうか、子どもたちのために一緒に働く「同僚」として、「チーム学校」のメンバーとして、温かく迎え入れていただくことをお願いしたいです。先生方にとって、よくわからない異業種の人が学校に入るということは戸惑いがあることと思いますが、スクールソーシャルワーカーもいろいろな不安を抱えて学校に入ります。特に、スクールソーシャルワーカーは一人職ですので、その不安はとても大きいと思います。スクールソーシャルワーカーは、先生方からの温かい声かけやかかわりがあることで、その専門性を大いに発揮し、学校の大きな力となると思いますので、どうかよろしくお願いします。

スクールソーシャルワーカー活用事業を担当した指導主事の立場から
～教師や教育委員会の方々に伝えたいこと～

沼野伸一・公立中学校校長・元主任指導主事（静岡県）

1 スクールソーシャルワークを楽しむ

スクールソーシャルワーカー活用事業（以下、「事業」と略します）の県教育委員会担当として、スクールソーシャルワークを通して、自分自身が様々な視点で子どもの背景をとらえ、適切なスクールソーシャルワーク的視点（福祉的視点）で支援するというスクールソーシャルワークの楽しさを実感させていただいたことに感謝しています。

また、市町村教育委員会担当の方たちが取り組む様子からも、スクールソーシャルワークを楽しんでいるのではないかと感じる場面が多くありました。さらに、3年間で多くの方をスクールソーシャルワーカーとして採用させていただきましたが、ほとんどの方が勤続いただきましたので、スクールソーシャルワーカーの方たちもスクールソーシャルワークを楽しみ、やりがいや生きがいを感じていたのではないか思います。

事業運営は順風満帆というわけではありませんでしたが、次のような成果を挙げることができたのは、市町村教育委員会担当やスクールソーシャルワーカーのみなさんの理解と協力があったからこそと深く感謝しています。

(1) 市町村単独予算による事業の継続

事業規模などの差異はありますが、平成24・25年度にスクールソーシャルワーカーを配置した11市町村のうち8市町村が単独予算で、スクールソーシャルワーカーを活用する事業が継続されています。市町村教育委員会担当の方々の努力の成果であることは言うまでもありません。また、県教育委員会からそれぞれの市町村教育委員会に配置したスクールソーシャルワーカーは継続して雇用されています。

(2) 教職員のアセスメント力の向上

配置市町村教育委員会担当が実施したアンケート調査では、ケース会議と組織的な実践を通して、教職員がアセスメントの重要性に気づき、スクールソーシャルワークへの理解が深まったと回答しています。スクールソーシャルワーク的視点でのアプローチが定着しつつある兆しであるととらえています。

スクールソーシャルワークの周知・定着により、スクールソーシャルワーカーの活動の幅が広がるとともに、教職員がスクールソーシャルワーク的視点を共有することで子ども等への対応が充実し、そのことでさらなる対応のニーズが生まれるものであることを実感できました。

(3) 教職員の喜びの深まり

かつては、生徒指導上の問題への対応力は経験の有無が大きなウエイトを占めていたように思います。そのような場では、属人的な指導が主体となり、経験の浅い者の意見などはあまり重視されていなかったように思います。

本事業で定着しつつあるケース会議では、年齢や経験の有無などに関係なく意見を述べることができ、多面的な視点から子どもの背景を理解することや適切な支援へとつながっていきました。ケース会議を積み重ねることで、教職員はスクールソーシャルワーク的な支援への手応えを感じるとともに、より個に応じた指導を追究していきました。

また、課題や強みなどが整理され、協働的に生徒指導へ参画していくことで、若手の指導力の向上や教職員の関係性や組織的対応力の向上、学年・学校の生徒指導力の向上にもつながりました。事業の推進によるスクールソーシャルワークの定着は、これまでの教職員の生徒指導観のリフォームやリノベーションにつながるものと確信しています。

2 スクールソーシャルワーカー活用事業のゆくえ

次に、市町村教育委員会担当やスクールソーシャルワーカーの方々の協力と努力により、多大な成果を生み出すに至った経緯や取組などについて述べたいと思います。

⑴ 事業の経緯

平成20年度後半から事業が開始され、先進地域を視察するなど、事業の準備から運営などまで手探りですすめられました。当時は、県内に3つある教育事務所を県教育委員会へ統合する方針で組織改編がすすめられている中途であり、既に3教育事務所の業務は2教育事務所に統合され、平成21年度からは指導関係の業務は学校教育課小中学校班（現：義務教育課指導班）で担当することとなっていました。そのため、スクールソーシャルワーカーの配置は、市町村教育委員会単位とし、平成20・21・22年度には5市町村13人のスクールソーシャルワーカーを配置しました。そして、既に定着しているスクールカウンセラー活用事業の進展と同様に、事業は国庫補助を受けながら継続していくものという受け止めで運営されていました。

ところが、平成22年度に本事業が県の「事業仕分け」の対象となり、「事業は有意義であるけれども、市町村が実施すべき」との結論となりました。これを受け、県教育委員会では、平成23年度から28年度まで2年ごとに5市町村へスクールソーシャルワーカーを配置し、平成28年度をもって県教育委員会の事業は終了します。その後のスクールソーシャルワーカーの活用は、各市町村教育委員会に委ねるよう事業計画が修正されました。

⑵ 近年の動向

本県における文部科学省の事業は、今年度で10年目を迎えました。その間、県の事業仕分けによる事業の終了の危機にも遭遇しながらも、事業の推進が図られてきました。市町村の単独事業によるスクールソーシャルワーカーの活用も少しずつ増えています。

一方で、県内の公立小中学校においては、スクールソーシャルワーカーの存在については周知されており、その活用は拡大されつつあるものの、現状では地域差や学校差がさらに広がっているように思われます。

子どもの健やかな成長や困っている子どものために、スクールソーシャルワーカーの活用について実効性のある取組が求められており、教育委員会や学校の姿勢・体制などが鍵となっています。

3 県スクールソーシャルワーカー活用事業の終着点

平成23年度に異動により、県教育委員会学校教育課小中学校班に配属され、事業を前任者から引き継ぎました。これまで勤務してきた学校や地域にはスクールソーシャルワーカーが配置されてはいませんでしたが、前任者が事業の土台をしっかりと築き上げてくれていたこともあり、年度当初の準備は円滑にすすみました。

しかし、「事業仕分け」で背景が変わってしまった事業を、今後どのように展開していくべきなのか、ゴールが決められた事業の目指すところを明確にすべきであると考えました。本事業を推進するにあたって、子どもや教師、学校にとって何が有益となるのかを自分なりに押さえました。それは、教師にとって「困った子」は、本人が「困っている子」という視点であり、「困っている子」への支援はその子の最大の利益を考える視点、また、子どもなどの行動には全て理由があるという視点、これらは、子どもを深く理解し、適切な支援を行う上で必要不可欠であり、このことは教師の生徒指導観をより充実させてくれるだけでなく、個に応じた支援・指導の充実が求められている学校には必要であると考えました。

折しも、いじめが社会問題となり、学校には一人ひとりの子どもに応じた支援の充実が強く求められていました。それまで専門家として配置されていたスクールカウンセラーの視点だけでは対応しきれない状況も多々あり、福祉などの専門家としてのスクールソーシャルワーカーのスクールソーシャルワーク的視点からのアプローチは、教師の生徒指導観や学校教育をリフォームしたり、リノベーションをもたらしたりしてくれるものと考えました。

そこで、第1に、事業を通して、子どもや教師、学校がスクールソーシャルワークは有意義なものであると実感できるようにすること、第2に、県の事業が終了しても市町村教育委員会が単独予算でスクールソーシャルワーカーの活用を継続できるようにしていくことを目指して事業を推進していくことにしました。

4 スクールカウンセラーの苦悩と支援のあり方

ところで、学校教育課に勤務する以前に、私は平成15年度から17年度まで教育事務所でスクールカウンセラー活用事業にかかわっていました。スクールカウンセラー配置事業からスクールカウンセラー活用事業へと拡大が図られ、配置校数を増やした最中でした。ニーズが高く相談依頼が多い学校もありましたが、スクールカウンセラーの活用について十分に検討されていない学校も少なくなかったことや、子どもや保護者が心理の専門家への相談に不安感や抵抗感があったことに加え、スクールカウンセラーの来談者中心の対応により、スクールカウンセラーは1日カウンセリングルームでクライアントを待っているという姿も見られました。さらに、カウンセリングルームなどが整備されていない学校もあるなど、学校の中でスクールカウンセラーが専門性を発揮する環境整備も十分ではありませんでした。

このスクールカウンセラー導入時の勤務状況は、予算執行などの視点からはあり得ないことです。ただし、スクールカウンセラーも望んでそのような状況になったわけではありません。

当時、スクールカウンセラーの中でリーダー的な方が中心となり、月1回の精神科医などを招聘した自主研修会を開催したり、互いの業務について情報交換を行ったりしていました。また、スクールカウンセラーと医療との連携を深めるよう働きかけたり、医療関係への連絡系統などを明確にしたりするなど、スクールカウンセラーのみなさんも課題意識をもって取り組んでいました。県教育委員会担当としては、これらの活動を充実させることが、学校におけるスクールカウンセラー活用事業の充実につながっていくものと考えていました。

導入から5年目に、校種による時間数の差はありましたが、県西部地区の小中学校へ全校配置しました。ニーズも高まり、何もしない1日を過ごすスクールカウンセラーは見受けられなくなりました。現在のように、スクールカウンセラーは学校教育になくてはならない存在という子どもや保護者、教職員の意識が定着するまで事業開始から5年以上の期間が必要でした。

しかし、今振り返れば、県教育委員会担当として、スクールカウンセラーの力量の向上や配置拡大だけでなく、スクールカウンセラーが実際に働いている学校の環境整備等を充実させる必要があったにもかかわらず、取組は十分ではありませんでした。学校のことは市町村教育委員会の管轄であるという至極当たり前のことが、事業推進の壁となっているのならば、市町村教育委員会担当との連携を密にして事業展開すべきでした。

このことにより、スクールカウンセラーのみなさん一人ひとりが、やりがいや生きがいを実感して勤務していただくことが、本人だけでなく子どもや保護者、教職員にとっても重要でした。指導主事として十分に支援ができていなかったという猛省を肝に銘じて、事業に取り組んでいきたいと考えました。

5 スクールソーシャルワーカーを支える

平成23年度当初、県教育委員会事業担当として、将来的には市町村の単独予算に託すしかないという状況でしたので、平成23・24年度に新たにスクールソーシャルワーカーを配置した市町村において、2年後に市町村教育委員会単独で予算化するためには、事業の成果で有用性を示していく必要がありました。また、スクールソーシャルワーク的視点（福祉的視点）からの組織的なケースアプローチに、教職員が充実感や成就感を味わってもらえるよう仕掛けていく必要がありました。たとえ事業が終了したとしても教職員の指導力の向上に資するようにしたいと考えました。

そのために、事業を開始するにあたっては、学校の教育活動は高度で複雑な営みであることを念頭に、スクールソーシャルワーカーの活用に細心の注意を払って事業を運営するということに注力しました。スクールソーシャルワーク的アプローチという新しい視点で対応したけれども、アセスメントやプランニングが甘く状況は悪化してしまったなどのように、一度失敗をすれば、教職員から不信感をもたれ、信頼を取り戻すことは容易ではありません。学校教育の営みを妨げることなく導入し、スクールソーシャルワークを定着していく必要がありました。

加えて、配置市町村教育委員会担当や学校管理職が導入時に配慮すべきことを十分に理解しているかどうかが事業の成否を分けることから、特に市町村教育委員会担当には、次のようなことをお願いしました。

(1) 課題と目標（成果指標）の共有とケースワークの開始

円滑に業務がスタートできるように、市町村教育委員会の担当や管理職などに事業や事業の背景を理解していただくこと、スクールソーシャルワーカーが活動する場における環境整備などのため、市町村教育委員会のスクールソーシャルワーカー活用ビジョンを明確にして取り組むことにしました。スクールソーシャルワーカーの活動範囲は広く、かえってそれが教職員のスクールソーシャルワーカーの認知に時間を要することにつながり、教職員との連携がすすんでいかない要因になっていることから、不登校など市町村や配置校の課題を絞り込み、その課題解決に向け、市町村教育委員会・学校・スクールソーシャルワーカーが目標などを共有できるようにしました。

また、この活用ビジョンが明確になるまでは、スクールソーシャルワーカーは配置校などでスクールソーシャルワークよりも、校長会や校内研修会などでスクールソーシャルワーカーの紹介やスクールソーシャルワークの説明に傾注するよう市町村教育委員会担当と共通理解を図りました。

⑵ アセスメントシート活用とケース会議の開催

経験豊富なスクールソーシャルワーカーであるならば、ケースを突然任されても十分その責務を果たすことができると思いますが、経験の少ないスクールソーシャルワーカーがすぐにスクールソーシャルワークを行えるわけはなく、教職員と波長を合わせながらスクールソーシャルワークを行うことは、スクールソーシャルワーカー育成の観点からも必要であると考えました。そのため、ケース対応では教職員などとのケース会議を開催することを基本としました。

その際、アセスメントシートを活用し、教職員などと子どもの背景や見立て、支援などを共有するようにしました。

また、市町村教育委員会担当には半年程ケース会議に同席し、スクールソーシャルワーカーを補佐して教職員との連携を深めていくことができるよう協力をお願いしました。

⑶ スクールソーシャルワーカーと市町村教育委員会担当が共に学ぶ連絡協議会

スクールソーシャルワーカーの情報交換会や資質向上のための研修会を含んだ連絡協議会を、年6

回開催するよう計画しました。スクールソーシャルワーカーどうし、市町村教育委員会担当どうしの情報交換を行うことに加えて、スクールソーシャルワーカーと市町村教育委員会担当が共に研修する場を設定しました。

スクールソーシャルワーカーの専門性の一番の理解者は、市町村教育委員会担当であることが重要であると考えました。

これらのことを推進し、スクールソーシャルワークを行う環境などを整えていくことで、スクールソーシャルワーカーが生きがいをもって働くことができると考えました。そして、そのことは事業の最大の成果であると考えました。

6 スクールソーシャルワークへの黒子的かかわり

静岡県の事業では、スクールソーシャルワーカーは支援を受ける子どもなどと直接的にかかわることよりも、教職員の営みを支援する黒子的なかかわりを主としています。県教育委員会担当として、スクールソーシャルワーカーや市町村教育委員会担当の活動を支援するための環境整備などを進める上で、同様のかかわりが必要だと考えました。

平成23・24年度は、6市町に11人を配置しました。内訳は、社会福祉士7人、元家庭裁判所調査官1人、元教員3人でした。初めてスクールソーシャルワーカーとなった方は10人でしたので、これまでの経緯に鑑み、主に次の4つの取組を推進しました。

(1) 県活用方針の周知

教職員がスクールソーシャルワーク的視点で子どもをとらえるようになることが、スクールソーシャルワークの浸透や充実（子どもの最大の利益）につながることを示した県の方針を浸透（組織的対応）させるため、「スクールソーシャルワーカー効果的活用のためのQ＆A」（全13ページ）の周知を図りました。

活用方針には、スクールソーシャルワーカーは専門的・補助的支援を行うのであって、子どもへの対応の主体は学校であることを明記してあります。

県教育委員会では、事前説明会を前年度に開催し、スクールソーシャルワーカーを配置する市町村教育委員会において、管理職対象の説明会や配置校でのスクールソーシャルワークについての校内研修会を開催するよう依頼しました。

また、ケースワークは基本的にケース会議を開催し、管理職なども参加して組織的な対応が図られるよう教職員への周知を依頼しました。さらに、年度当初に市町村内の関係機関・部課局へ挨拶をし、事業について周知を図るよう依頼しました。

(2) 市町村教育委員会の活用ビジョンによる取組の焦点化

市町村教育委員会担当に、スクールソーシャルワーカーを活用する2年間のビジョンの作成を依頼し、市町村におけるスクールソーシャルワークの焦点化を図りました。ビジョンの骨子は次のとおりです。

ア　何をねらいとするか（重点目標等）。

例：不登校児童生徒の減少、児童生徒の問題行動の状況改善

イ　アを実現するために、具体的に何をターゲットにしていくか。

例：3日以上欠席している児童生徒、こう着状態にある問題行動事例

ウ　市町村教育委員会として、学校にどのように伝えていくか。

例：校長会で福祉的視点の有効性、生徒指導研修会でケース会議の重要性

エ　市町村教育委員会として、スクールソーシャルワーカーにどのような役割を期待しているか。

例：学校と関係機関との連携強化への支援、ケース会議での福祉的視点からの助言

オ　何を指標にするか（1年目の到達目標、2年目の到達目標）。

例：各校のケース会議実施数の増加、不登校児童生徒数の減少

この活用ビジョンは、スクールソーシャルワーカーの業務の枠組みとなる一方で、目標を定め、成果を出すことで、市町村教育委員会単独での予算確保の明確な根拠となりました。事業開始後は、その進捗状況を踏まえ、成果指標等の活用ビジョンの修正や活用方法などの改善を図るよう支援しました。

以下は成果の一例です。

(3) 連絡協議会の定期的開催

市町村教育委員会担当や配置校担当者、スクールソーシャルワーカーなどが参加する連絡協議会を定期的（年6回）に開催しました。午前は市町村教育委員会担当などとスクールソーシャルワーカーどうしが日頃の実践について情報交換を行い、午後は一堂に会してスクールソーシャルワークについて講師による講演や事例検討会などを行いました。スクールソーシャルワーカーは情報等を共有することで、教職員などとのかかわり方や自身の取組の確かさなどを確認したり、市町村教育委員会担当は活用ビジョンの見直しなどをすることができました。また、市町村教育委員会担当も研修を受ける

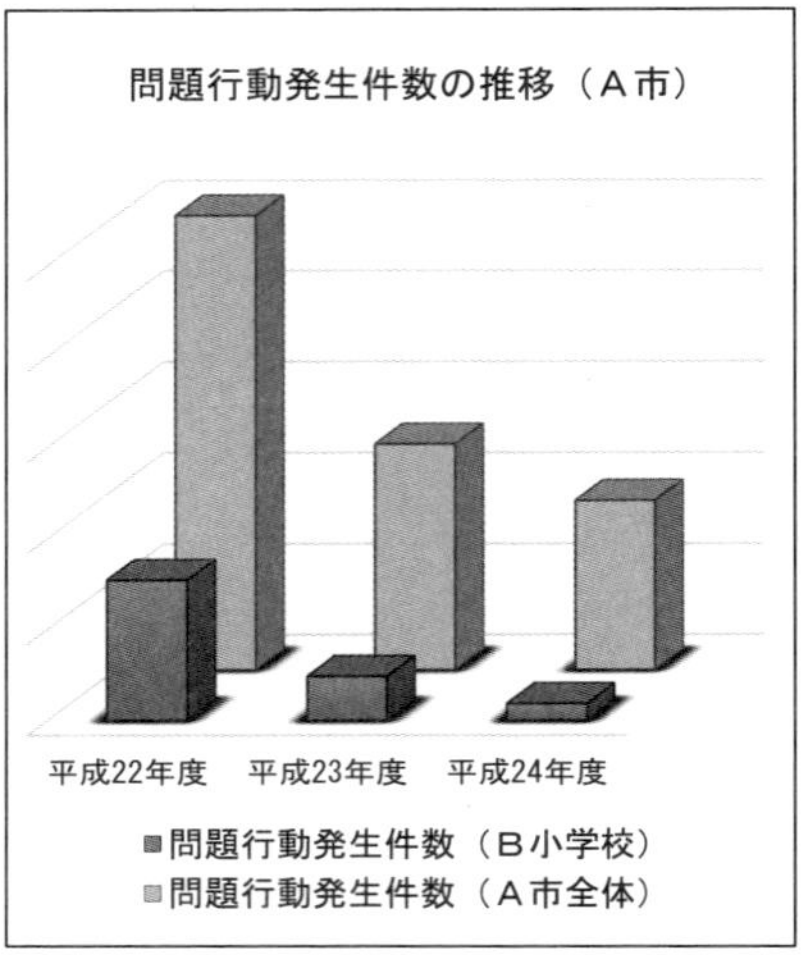

実践事例１　A市の取組（抜粋）

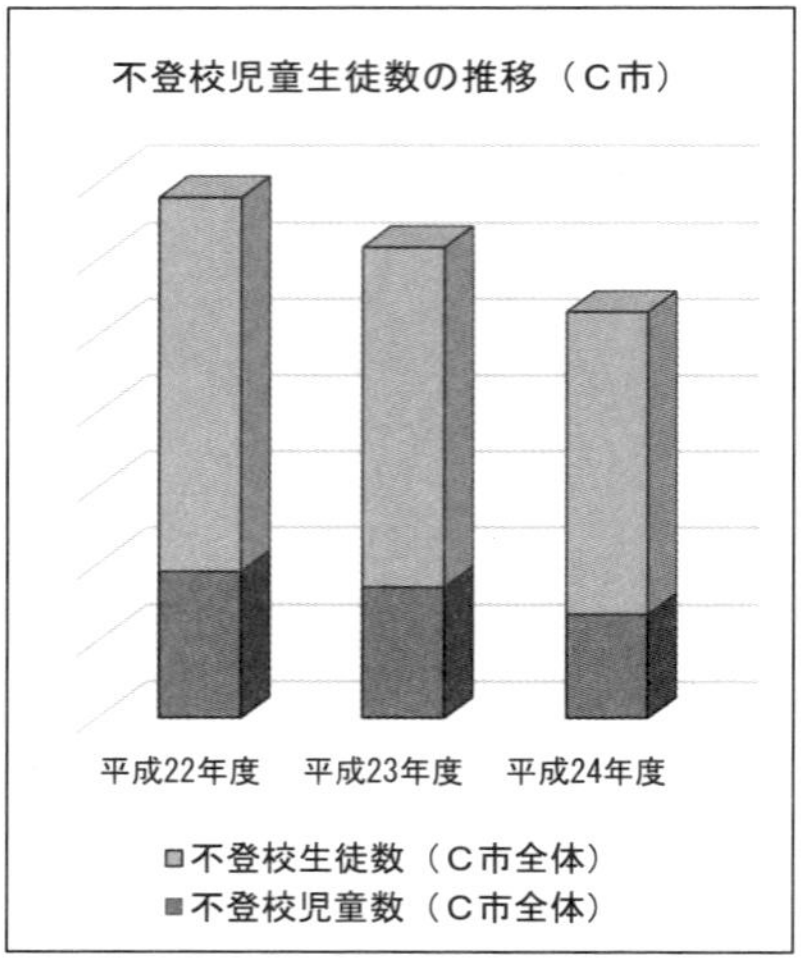

実践事例２　C市の取組（抜粋）

連絡協議会における講演等演題一覧

年	回	講演・講義の演題等
平成23年度	1	講義「スクールソーシャルワーカーの活用」
	2	講義・演習「アセスメントの実際」
	3	講義「スクールソーシャルワーカーにとってのアセスメントと連携」
	4	演習「アセスメントとプランニング」
	5	講演「東日本大震災後、スクールソーシャルワーカーは何をしてきたか」
	6	講義「非行とその予防」 事例検討「非行」
平成24年度	1	講演「スクールソーシャルワークにおける学校･家庭･地域･関係機関との連携」 講義「スクールソーシャルワーカーの活動における観点と留意点」
	2	講義「スクールソーシャルワーカーの活動実態から見られる支援の在り方」 演習「アセスメントとプランニング」
	3	講義「学校におけるアセスメントとプランニングⅠ」 演習「アセスメントとプランニング」
	4	講義「学校におけるアセスメントとプランニングⅡ」 演習「アセスメントとプランニング」

ことで、スクールソーシャルワークについての知見が深まり、スクールソーシャルワーカーへの適切な支援につながっていきました。

また、講演などについては、県内のスクールソーシャルワーク活性化のため、政令指定都市担当やスクールソーシャルワーカーへも参加を呼びかけました。多くの方に参加していただき、互いの状況について情報交換ができました。

(4) スーパーバイザーによる専門的支援

静岡県においては、事業ははじまったばかりであり、スクールソーシャルワーカーだけでスクールソーシャルワークをすすめるには不安があったため、専門的な助言をいただけるスーパーバイザーを他府県で活躍していた方にお願いしました。スクールソーシャルワーカーが対応困難と思われるケースにアプローチする際、スーパーバイズを受けられるよう支援体制を整えました。問題が複雑に絡み合い対応不可能と思われるケースや問題が不明確で硬直したケースなどへの対応について、再アセスメントやプランニングのための新たな視点からのアドバイスや見逃している視点について専門的な立場から助言をいただき、それぞれのケースの取組を推進することができました。

また、連絡協議会の内容や市町村教育委員会の活用ビジョンの修正、アセスメントシートの活用などもスーパーバイザーの助言を受けながらすすめていきました。例えば、配置後半年経った頃、スクールソーシャルワーカー自身が活動を振り返るにはどのようにしたらよいか相談をしたところ、振り返る視点「ケース会議が円滑に進んだ要因」と、それをKJ法で明らかにする手順について助言をいただきました。検討会では、出された意見をいくつかのカテゴリーに分類し、ケース会議を円滑に展開するための要素を明らかにすることができました。スクールソーシャルワーカー並びに市町村教育委員会担当は、協働的な活動によって振り返った結果を共有するとともに、スキルアップを図ることができました。

7 最後に

平成26年7月に中央教育審議会は、文部科学大臣から「これからの学校教育を担う教職員やチームとしての学校の在り方について」諮問を受け、同年9月に「チームとしての学校・教職員の在り方に関する作業部会」を初等中等教育分科会に設置し、「チームとしての学校」にかかわる事項に関して専門的な議論を深めてきました。そして、平成27年12月に「チームとしての学校の在り方と今後の改善方策について」答申しました。

この中で、「チームとしての学校」を実現するための具体的な改善方策として、専門性に基づくチーム体制の構築に向けて、教員以外の心理・福祉の専門スタッフの参画を求めています。具体的には、学校におけるスクールカウンセラーやスクールソーシャルワーカーの位置づけを明確にするよう求められています。この答申は、学校へのスクールソーシャルワークの浸透の推進において、人的配置など大きな追い風になると期待しています。

本県において、平成28年度をもって県は事業を終了するというシナリオは、「教師の多忙化解消」や「子どもの貧困対策」「『チーム学校』構築」などの追い風を受け、新たな県教育委員会組織再編とともに、大きく方針や体制を変えながら現在も事業が継続されています。しかしながら、勤務条件（勤務時数など）は未だ十分とは言えない厳しい状況です。だからこそ、スクールソーシャルワーカーのみなさんが、やりがいや生きがいをもって勤務していただけるよう学校でのスクールソーシャルワークの浸透を推進していかなくてはなりません。このことは、子ども一人ひとりへの適切な支援の実現による教職員の深いやりがいや生きがい、そして、子どもにとって魅力ある学校の構築へとつながっていくものと考えます。

今後も、本校はもちろんのこと、県内の学校において先を見据えた活用や事業運営が図られることを願っています。

●編著者プロフィール

鈴木庸裕（すずき・のぶひろ）：日本福祉大学子ども発達学部教授
1961年、大阪府生まれ。愛知教育大学大学院教育学研究科教育実践学専修修了（教育学修士）。福島大学大学院人間発達文化研究科（学校福祉臨床領域）教授を経て現職。東日本大震災の教育復興をめぐる教訓を、全国的な教育課題にどう活かしていけばよいか。特定非営利法人福島スクールソーシャルワーカー協会の理事長や福島県教育委員会他スクールソーシャルワーカー・スーパーバイザー、学校心理士スーパーバイザーなど。社会福祉士、学校心理士。
著書に『学校福祉とは何か』ミネルヴァ書房、他。
モットーは「子どもは子どもの中で育つ」

野尻紀恵（のじり・きえ）：日本福祉大学社会福祉学部准教授
1964年生まれ。大阪で育つ。神戸大学教育学部卒業後、神戸市内高校教諭時代に阪神淡路大震災を経験。震災後、福祉教育を軸として神戸市長田区のまちづくりに参画。生徒と共に被災地で活動。福祉の奥深さにはまり大学院に進学し、茨木市スクールソーシャルワーカーに。関西学院大学大学院総合政策研究科修了（修士：総合政策)、大阪府立大学人間社会学研究科単位取得満期退学。現在、愛知県教育委員会他スクールソーシャルワーカー・スーパーバイザー、あいちスクールソーシャルワーク実践研究会を主催。社会福祉士。
博士：社会福祉学
著書に『スクールソーシャルワーカー実務テキスト』学事出版、他。
モットーは「むずかしいことをやさしく」

教職経験をもつスクールソーシャルワーカーが伝えたい
学校でソーシャルワークをするということ

2018年5月15日　初版発行

編著者　鈴木庸裕・野尻紀恵
発行人　安部英行
発行所　学事出版株式会社
〒101-0021　東京都千代田区外神田2-2-3
電話　03-3255-5471
HPアドレス　http://www.gakuji.co.jp

編集担当　町田春菜
ＤＴＰ　精文堂印刷株式会社
印刷・製本　研友社印刷株式会社

落丁・乱丁本はお取り替えします。
ISBN 978-4-7619-2480-5 C3037